OEUVRES

DE

THÉODORE DE BANVILLE

LES CARIATIDES

ROSES DE NOËL

PARIS

ALPHONSE LEMERRE, ÉDITEUR

23-31, PASSAGE CHOISEUL, 23-31

M DCCC LXXXIX

OEUVRES

DE

THÉODORE DE BANVILLE

OEUVRES
DE
THÉODORE DE BANVILLE

LES CARIATIDES
ROSES DE NOËL

PARIS
ALPHONSE LEMERRE, ÉDITEUR
23-31, PASSAGE CHOISEUL, 23-31

M DCCC LXXXIX

AVANT-PROPOS

De tous les livres que j'ai écrits, celui-ci est le seul pour lequel je n'aie pas à demander l'indulgence, car j'ai eu le bonheur de l'achever de ma seizième à ma dix-huitième année, c'est-à-dire à cet âge divinement inconscient où nous subissons vraiment l'ivresse de la Muse, et où le poëte produit des odes comme le rosier des roses. Je crois le rendre aujourd'hui au public tel que je le lui ai donné jadis. Cependant, j'ai corrigé des fautes trop évidentes, çà et là récrit une page mal venue, et même remplacé certaines pièces entièrement démodées par d'autres composées à la même époque, car dans mes vers de ce temps-là je n'avais qu'à prendre et à choisir.

Mais je pense que dans la forme comme dans l'esprit, mon premier recueil n'a pas été altéré par ces indispensables corrections, car il ne dépendait pas de moi-même de détruire sa naïve bravoure et son invincible fleur de jeunesse.

Les strophes qui ouvrent ce volume avaient été écrites par moi sur l'exemplaire de la première édition des Cariatides offert à ma mère bien aimée. Je les imprime à présent pour donner un nouveau témoignage de respect et d'amour à sa chère mémoire.

THÉODORE DE BANVILLE.

Paris, 14 mars 1877.

P. S. 1889. Lors de la plus récente réimpression des Cariatides, j'avais déjà écrit sur le titre ces mots imprudents : Édition définitive. *Cependant, cette fois encore, j'ai trouvé dans mon premier livre beaucoup de fautes enfantines, et je les ai corrigées. Mais à présent, je crois bien que c'est fini, et que je n'y reviendrai plus.*

LES CARIATIDES

LIVRE PREMIER

A ma Mère,

MADAME ÉLISABETH ZÉLIE DE BANVILLE

O ma mère, ce sont nos mères
Dont les sourires triomphants
Bercent nos premières chimères
Dans nos premiers berceaux d'enfants.

Donc reçois, comme une promesse,
Ce livre où coulent de mes vers
Tous les espoirs de ma jeunesse,
Comme l'eau des lys entr'ouverts!

Reçois ce livre, qui peut-être
Sera muet pour l'avenir,
Mais où tu verras apparaître
Le vague et lointain souvenir

De mon enfance dépensée
Dans un rêve triste ou moqueur,
Fou, car il contient ma pensée,
Chaste, car il contient mon cœur.

Juillet 1842.

Les Cariatides

C'est un palais du dieu, tout rempli de sa gloire.

Cariatides sœurs, des figures d'ivoire
Portent le monument qui monte à l'éther bleu,
Fier comme le témoin d'une immortelle histoire.

Quoique l'archer Soleil avec ses traits de feu
Morde leurs seins polis et vise à leurs prunelles,
Elles ne baissent pas les regards pour si peu.

Même le lourd amas des pierres solennelles
Sous lesquelles Atlas plierait comme un roseau,
Ne courbera jamais leurs têtes fraternelles.

Car elles savent bien que le mâle ciseau
Qui fouilla sur leurs fronts l'architrave et les frises
N'en chassera jamais le zéphyr et l'oiseau.

Hirondelles du ciel, sans peur d'être surprises
Vous pouvez faire un nid dans notre acanthe en fleur:
Vous n'y casserez pas votre aile, tièdes brises.

O filles de Paros, le sage ciseleur
Qui sur ces médaillons a mis les traits d'Hélène
Fuit le guerrier sanglant et le lâche oiseleur.

Bravez même l'orage avec son âpre haleine
Sans craindre le fardeau qui pèse à votre front,
Car vous ne portez pas l'injustice et la haine.

Sous vos portiques fiers, dont jamais nul affront
Ne fera tressaillir les radieuses lignes,
Les héros et les Dieux de l'amour passeront.

Les voyez-vous, les uns avec des folles vignes
Dans les cheveux, ceux-là tenant contre leur sein
La lyre qui s'accorde au chant des hommes-cygnes?

Voici l'aïeul Orphée, attirant un essaim
D'abeilles, Lyæus qui nous donna l'ivresse,
Éros le bienfaiteur et le pâle assassin.

Et derrière Aphrodite, ange à la blonde tresse,
Voici les grands vaincus dont les cœurs sont brisés,
Tous les bannis dont l'âme est pleine de tendresse;

Tous ceux qui sans repos se tordent embrasés
Par la cruelle soif de l'amante idéale,
Et qui s'en vont au ciel, meurtris par les baisers,

Depuis Phryné, pareille à l'aube orientale,
Depuis cette lionne en quête d'un chasseur
Qui but sa perle au fond de la coupe fatale,

Jusqu'à toi, Prométhée, auguste ravisseur !
Jusqu'à don Juan qui cherche un lys dans les tempêtes !
Jusqu'à toi, jusqu'à toi, grande Sappho, ma sœur !

J'ai voulu, pour le jour des éternelles fêtes
Réparer, fils pieux de leur gloire jaloux,
Le myrte et les lauriers qui couronnent leurs têtes.

J'ai lavé de mes mains leurs pieds poudreux. Et vous,
Plus belles que le chœur des jeunes Atlantides,
Alors qu'ils vous verront d'un œil terrible et doux,

Saluez ces martyrs, ô mes Cariatides !

Juillet 1842.

Dernière Angoisse

Au moment de jeter dans le flot noir des villes
Ces choses de mon cœur, gracieuses ou viles,
 Que boira le gouffre sans fond,
Ce gouffre aux mille voix où s'en vont toutes choses
Et qui couvre d'oubli les tombes et les roses,
 Je me sens un trouble profond.

Dans ces rhythmes polis où mon destin m'attache
Je devrais servir mieux la Muse au front sans tache,
 Au lieu de passer en riant,
Sur ces temples sculptés dont l'éclat tourbillonne
Je devrais faire luire un flambeau qui rayonne
 Comme une étoile à l'Orient;

Rebâtir avec soin les histoires anciennes,
A chaque monument redemander les siennes,
 Dont le souvenir a péri;
Chanter les dieux du Nord dont la splendeur étonne
A côté de Vénus et du fils de Latone
 Peindre la Fée et la Péri;

Ranimer toute chose avec une syllabe,
L'ogive et ses vitraux de feu, le trèfle arabe,
  Le cirque, l'église et la tour,
Le château fort tout plein de rumeurs inouïes,
Et le palais des rois, demeures éblouies
  Dont chacune règne à son tour;

Les murs Tyrrhéniens aux majestés hautaines,
Les granits de Memphis et les marbres d'Athènes
  Qu'un regard du soleil ambra,
Et des temps révolus éveillant le fantôme,
Faire briller auprès d'un temple polychrome
  Le Colisée et l'Alhambra !

J'aurais dû ranimer ces effroyables guerres
Dont les peuples mourants s'épouvantaient naguères,
  Meurtris sous un rude talon,
Dire Attila suivi de sa farouche horde,
Charlemagne et César, et celui dont l'exorde
  Fut le grand siège de Toulon !

Puis, après tous ces noms, sur la page choisie
Écrire d'autres noms d'art et de poésie,
  Dont le bataillon espacé
Par des poëmes d'or, dont la splendeur enchaîne
L'époque antérieure à l'époque prochaine,
  Illumine tout le passé !

Dans ce grand Panthéon, des dalles jusqu'aux cintres
Graver des noms sacrés de chanteurs et de peintres,
    D'artistes rêvés ardemment ;
A chacun, soit qu'il cherche un poëme sous l'arbre,
Ou qu'il jette son cœur dans la note ou le marbre,
    Faire une place au monument !

Dire Moïse, Homère à la voix débordante
Qui contenait en lui Tasse, Virgile et Dante ;
    Dire Gluck, penché vers l'Éden,
Mozart, Gœthe, Byron, Phidias et Shakspere,
Molière, devant qui toute louange expire,
    Et Raphaël et Beethoven !

Montrer comment Rubens, Rembrandt et Michel-Ange
Mélangeaient la couleur et pétrissaient la fange
    Pour en faire un Jésus en croix ;
Et comment, quand mourait notre Art paralytique,
Apparurent, guidés par l'instinct prophétique,
    Le grand Ingres et Delacroix !

Comment la Statuaire et la Musique aux voiles
Transparents, ont porté nos cœurs jusqu'aux étoiles ;
    Nommer David, sculptant ses Dieux,
Rossini, gaieté, joie, ivresse, amour, extase,
Et Meyerbeer, titan ravi sur un Caucase
    Dans l'ouragan mélodieux !

Mais surtout dire à tous que tu grandis encore,
O notre chêne ancien que le vieux gui décore,
    Arbre qui te déchevelais.
Sur le front des aïeux et jusqu'à leur épaule,
Car Gautier et Balzac sont encore la Gaule
    De Villon et de Rabelais !

Montrer l'Antiquité largement compensée,
Et comparant de loin ces œuvres de pensée
    Qu'un sublime destin lia,
Répéter après eux, dans leur langage énorme,
Ce que disent les vers de Marion Delorme
    Aux chapitres de Lélia !

Pas à pas dans son vers suivre chaque poëme,
Chaque création arrachée au ciel même,
    Et surtout le vers de Musset,
Fantasio divin, qui, soit qu'il se promène
Dans les rêves du ciel ou la souffrance humaine,
    Devient un vers que chacun sait !

Enfin, pour un moment traînant mes Muses blanches
Sur les hideux tréteaux et les sublimes planches,
    Aller demander au public
Les noms de ceux qui font sa douleur ou son rire,
Puis, avant tous ces noms, sur le feuillet inscrire
    George, Dorval et Frédérick !

Ainsi, des temps passés relevant l'hyperbole,
Et, comme un pèlerin, apportant mon obole
    A tout ce qui luit fort et beau,
J'aurais voulu bâtir sur l'arène mouvante
Un monument hardi pour la gloire vivante,
    Pour la gloire ancienne un tombeau !

Hélas ! ma folle Muse est une enfant bohème
Qui se consolera d'avoir fait un poëme
    Dont le dessin va de travers,
Pourvu qu'un beau collier pare sa gorge nue,
Et que, charmante et rose, une fille ingénue
    Rie ou pleure en lisant ses vers.

Juillet 1842.

La Voie lactée

> Est via sublimis cœlo manifesta sereno,
> Lactea nomen habet, candore notabilis ipso.
> Hac iter est superis ad magni tecta tonantis,
> Regalemque domum.
>
> OVIDE, *Métamorphoses*, livre I.

A VICTOR PERROT

Déesse, dans les cieux éblouissants, la Voie
Lactée est un chemin de triomphe et de joie,
Et ce flot de clarté qui dans le firmament
Jette parmi l'azur son blanc embrasement
Semble, dans sa splendeur en feu qui s'irradie,
Produit par un foyer unique d'incendie.
Mais quand notre regard dans l'éther empli d'yeux
Monte vers l'Océan céleste que les Dieux
Font rouler des Gémeaux de flamme au Sagittaire,
Il y voit flamboyer des astres dont la terre

Admire en pâlissant la sereine splendeur,
Et dans le vaste flot sacré dont la candeur
Éclate et de la nuit blanchit les sombres voiles,
Il voit s'épanouir des millions d'étoiles.
   Telle est la Poésie : à travers le lointain
Des âges, qui s'enfuit, comme au riant matin
Devant les flèches d'or à vaincre habituées
S'enfuit le triste chœur frissonnant des Nuées,
Elle nous apparaît d'abord confusément,
Lueur, flambeau, clarté, vaste éblouissement
De porteurs de lauriers et de porteurs de lyre
A l'homme encor sauvage enseignant leur délire;
Puis nous reconnaissons parmi des spectres vains
Les inventeurs sacrés, les beaux géants divins,
Pareils à des lions dont la fauve crinière
Embrase leurs fronts d'or que baise la lumière.
O Calliope ! muse aux chastes bras de lys,
Avant tous, dans les jours lointains je vois ton fils
Orphée, et je salue au riant crépuscule
Ce roi héros qui fut le compagnon d'Hercule.
Je le vois sur l'Argo; déjà courbant leurs fronts,
Jason, Téphys, Idas de leurs gais avirons
Frappent les flots; mais lui, tenant la lyre, il chante,
Tous les monstres marins sur la mer qu'il enchante
Montent, heurtant leurs flancs vermeils et se pressant
Pour suivre le vaisseau rapide en bondissant;
Et cherchant le héros avec un doux murmure,
Le vent caressant fait voler sa chevelure.

Puis je le vois, plus tard, soumettant à sa voix
L'âpre désert, vainqueur des antres et des bois ;
Car, ô Déesse, alors sur les monts du Rhodope
Ou sur le sombre Hémus que la nue enveloppe,
Attirés par ses chants, pins, yeuses, cyprès,
Les arbres pour venir l'écouter de plus près
Déchiraient follement en leurs fureurs divines
La terre qui tenait captives leurs racines ;
Et, sans songer à fuir leurs souffles arrogants
Restant pour l'écouter dans les noirs ouragans,
La colombe des cieux laissait tomber sa plume
Sur le flot irrité du torrent blanc d'écume ;
Les aigles oubliaient de prendre leur essor ;
La tigresse tournait une prunelle d'or
Vers ses regards voilés par ses longues paupières,
Et sa voix éveillait des âmes dans les pierres.
  Temps quatre fois heureux où des vers ont changé
Une arène infertile en Éden ombragé !
« Au haut de la colline, une plaine déserte
Et sans ombre, étalait son tapis d'herbe verte.
Sitôt que le poëte issu du sang des Dieux
Y vint, et que la corde aux sons mélodieux
Résonna sous ses doigts, alors l'ombre prochaine
Accourut. Ni ton arbre, ô Chaon ! ni le chêne
Touffu ne manqua, ni le frêne meurtrier,
Ni l'érable qui saigne et le chaste laurier.
Puis le tilleul ami, l'héliade pleureuse,
Les tendres noisetiers et la tremblante yeuse

Groupèrent leurs rameaux près du sapin sans nœuds
Et du hêtre, étonnés de trouver auprès d'eux
Le saule et le lotus amants des blondes rives ;
Puis le myrte léger, le buis aux teintes vives
Qui bravent tous les deux le souffle des hivers,
Et le figuier poreux qui s'orne de fruits verts,
Et le mûrier portant sa récolte sanglante,
Et le prix immortel d'une victoire lente,
La palme. Vous aussi vous vîntes, enlaçant
L'ormeau, lierre aux cent mains, la vigne en l'embrassant ;
Et près de vous le pin, dont la tête se mêle
Aux blancheurs de la nue, arbre aimé de Cybèle
Depuis que son écorce emprisonna la chair
Du bel Attis, et prit l'enfant qui lui fut cher ;
Enfin, suivant aussi le charme qui le guide,
Le cyprès, des forêts mouvante pyramide,
Arbre aujourd'hui, jadis ami du dieu changeant
Dont la cithare est d'or et dont l'arc est d'argent. »
    Et dès que sous ce dôme ombragé le poëte
Eut doré de ses chants la paisible retraite
Et que l'archet frémit, tout l'univers créé
Vint rafraîchir sa lèvre à ce torrent sacré ;
Le lion, dont les yeux lancent la mort, cet hôte
De la caverne sombre et de la forêt haute,
Cessa pour un moment de répandre l'effroi ;
Le tigre dépouilla ses colères de roi,
Et se laissa bercer dans un tendre vertige ;
Bien plus, en ce moment, ineffable prodige !

Les stériles rochers où l'oiseau fait son nid
Quittèrent la montagne et ses flancs de granit ;
La brise tut ses chants, l'aigle quitta son aire,
Le ruisseau ralentit sa démarche légère,
Et dans l'arbre amoureux les Dryades des bois
Turent leurs vagues chants pour la première fois.
　Dans cet enivrement, les muses Aonides
Quittèrent sans regret les demeures splendides
Où l'écho retentit d'harmonieux accords,
Et le mont verdoyant où les lys de leur corps
Font comme une guirlande à la noire fontaine,
Où le Permesse tombe et meurt dans l'Hippocrène,
Où le sombre Olmius, avec un doux fracas,
Bleuit d'un long baiser leurs membres délicats ;
Et les Dieux, sur l'Olympe où la jeune Déesse
Leur verse à flots vermeils l'éternelle jeunesse
Avec les vins sanglants par l'amour embrasés,
Oublièrent enfin les immortels baisers.
Chacun prêta l'oreille aux premiers chants du cygne :
Celui qui ralentit les nuages d'un signe,
Mercure ailé, Junon si belle en son courroux,
Lyæus accoudé sur les grands lions roux,
Puis la blonde Aphrodite à la prunelle noire,
Thétis, dont un rayon baise les pieds d'ivoire,
Mars, Diane, Pallas aux yeux profonds et bleus,
Et Phébus rayonnant dans l'azur nébuleux.
　Sous ce profond regard de la voûte étoilée
Le poëte eût senti son âme consolée,

S'il n'eût été choisi pour la grande douleur
Que les Dieux immortels égalent à la leur,
Et s'il n'eût regretté ce type insaisissable
Comme une goutte d'eau dans un désert de sable,
Ce spectre qui de loin vous fait voir un sein nu
Et fuit, vierge, un amant qui ne l'a pas connu.
Oh! pour que dans mes vers ton doux nom resplendisse
Victime aux pieds légers, réponds, jeune Eurydice!
Le ciel t'envoyait-il à notre humanité
Pour montrer qu'ici-bas l'éternelle Beauté
Ne se révèle à nous que dans l'éclair d'un rêve?
Blonde et rieuse enfant, douce comme notre Ève,
N'étais-tu pas, avec ton front chaste et divin,
L'image du bonheur que nous touchons en vain,
Qui nous apparait tel que nos vœux le choisissent,
Et qui s'évanouit quand nos mains le saisissent?
Qu'avais-tu fait aux Dieux? A quoi pensait la Mort,
Quand les bois gémissant la virent, sans remord
Sur ta lèvre surprise éteignant la parole,
Fermer ta bouche en fleur ainsi qu'une corolle?

 Eurydice! pendant que de son pas léger
Elle fuyait les cris d'un insolent berger,
Courant éperdûment dans les vertes campagnes
De la Thrace, avec les Naïades ses compagnes,
Elle tomba, mordue au pied par un serpent.
Déroulant ses anneaux et dans l'herbe rampant,
Le monstre au cou livide et qu'une bave arrose,
Furtif, avait rampé vers son talon de rose,

Et mis ses crocs affreux dans cette jeune chair.
Les Dryades, pleurant son front qui leur fut cher,
Crurent qu'en la perdant la terre était changée.
On entendit gémir la cime du Pangée ;
Le dur géant Rhodope eut de longs désespoirs ;
Des sanglots éclataient parmi ses rochers noirs,
Et le ciel vit les pleurs de la froide Orithye.

Pour Orphée, anxieux et l'âme anéantie,
Sur son front portant l'ombre ainsi qu'un noir vautour,
De l'aube à la nuit noire il chantait son amour,
Pâle, effrayant, en proie au sinistre délire,
Et des cris douloureux s'échappaient de sa lyre.
Enfin, brûlant toujours de feux inapaisés,
Cherchant la vierge enfant ravie à ses baisers,
Il pénétra parmi les gorges du Ténare ;
Il entra dans le bois où la lumière avare
Se voile et meurt, où les vains spectres par milliers
Se pressent, comme font des oiseaux familiers
Qui vont rasant la terre et dont le vol hésite.
Il apaisa le flot bouillonnant du Cocyte,
Et même il vit au fond de l'enfer souterrain
Les Dieux de l'ombre assis sur leurs trônes d'airain.

Il chantait, voix mêlée à la lyre divine ;
Les Dieux voyaient l'Amour vivant dans sa poitrine ;
Sans doute ils eurent peur qu'en leur morne tombeau
L'archer Désir lui-même avec son clair flambeau
Ne parût, et domptant le Styx aux vagues sombres,
Ne redonnât la vie au vain peuple des Ombres.

Muse ! tu sais comment, subjugué par ses vers,
Pluton qui règne, assis près des gouffres ouverts
Et des pics trop brûlés pour que l'herbe y verdisse,
Rendit au roi chanteur la tremblante Eurydice,
Et comment, ô douleur ! vaincu par son amour
Orphée, en arrivant presque aux portes du jour
Se retourna pour voir plus tôt la bien-aimée.
Elle s'évanouit en légère fumée.
La mort couvrait de nuit son visage riant,
Et, triste, elle appelait Orphée en s'enfuyant
Vers le gouffre béant et d'où sortaient des râles,
Tendant encor vers lui ses mains froides et pâles,
Et repassant déjà le fleuve au noir limon.

 Pendant sept mois entiers, sur les bords du Strymon,
Orphée en pleurs, de tous évitant les approches,
Dans les antres glacés vécut parmi les roches.
Parmi les durs frimas où fleurissent les lys
De l'âpre neige, aux bords glacés du Tanaïs
Il erra, savourant le funeste délice
De sa douleur, toujours chantant son Eurydice.
Les Ménades hurlant dans leurs terribles jeux,
L'aperçurent un jour du haut d'un mont neigeux.
Les tigres à ses pieds se couchaient pleins d'ivresse,
Et les chênes, suivant sa voix enchanteresse,
Venaient vers le divin poëte en se mouvant.
L'une d'elles, sauvage et les cheveux au vent,
S'écria : Le voilà, celui qui nous méprise !
Et les cris furieux se mêlaient dans la brise

Et le son de la flûte et le bruit des tambours
Épouvantaient la nue, et devant les Dieux sourds,
Rouges, à coups de thyrse, à coups de branches d'arbre,
Lui jetant de la terre et des rochers de marbre,
Même pour l'en frapper, dans les sillons bourbeux
Arrachant follement les cornes des grands bœufs,
Comme un farouche essaim, les Ménades hurlantes
Déchirèrent son corps avec leurs mains sanglantes,
Et leurs cris étouffaient ses plaintes et sa voix
Impuissante à charmer pour la première fois,
Car un dieu dans leurs cœurs avait mis cette fièvre,
Et l'âme du héros s'échappa de sa lèvre.
« Les oiseaux, les lions, les rochers et les bois
Te pleurèrent, Orphée! Attirée à ta voix
Si souvent, la forêt laissa comme une veuve
L'ornement de son front pour te pleurer; le fleuve
Crût de ses pleurs; voilant son sein de toutes parts
Avec son deuil, la nymphe eut les cheveux épars.
Le corps gît en lambeaux; et, prodige! quand l'Èbre
Roule avec lui la tête et la lyre célèbre,
La lyre cherche un son plaintif, qu'en expirant
La voix plaintive mêle aux plaintes du torrent. »
On dit qu'en ce moment, par un instinct de mère,
Calliope sentit une douleur amère;
Que sa voix tressaillit dans son essor vainqueur,
Et que son divin sang reflua vers son cœur.
Saluant du regard ses légères compagnes,
Elle vole dans l'air, plane sur les campagnes,

Et pâle, ses cheveux dénoués sur son flanc,
Touche enfin, mais trop tard, au rivage de sang.
Elle ne pleura pas, la mère douloureuse !
Mais regarda longtemps le flot que le flot creuse,
Et laissant retomber ses voiles, montra nu
Le chef-d'œuvre sacré de son corps inconnu.
C'en est fait, ce beau corps a roulé sous la vague,
Le fleuve soulevé pousse un murmure vague,
Fait briller son œil glauque, et, trois fois agité
De caresser dans l'ombre une divinité,
Cherche dans son transport une force nouvelle
Pour meurtrir follement cette chair immortelle.
Ivre, le vent gémit, et les arbres dans l'air
Font craquer sourdement leurs grands rameaux ; l'éclair
Enveloppe le ciel d'un sanglant crépuscule,
Et frissonnant, le jour s'épouvante et recule,
Et toute la Nature, émue en ce moment,
Jette de sa poitrine un long gémissement.
 Les hommes, effrayés et baissant la paupière,
Brûlent un encens pur dans leurs temples de pierre,
Jusqu'à ce que le ciel, en essuyant ses pleurs,
Déroule avec Iris l'écharpe aux sept couleurs,
Et que l'onde calmée où ce rayon s'argente
Couvre son dos uni d'une moire changeante.
Alors, le regard trouble et la bouche en sanglots,
La Muse reparaît sur l'écume des flots,
Non telle qu'autrefois Cypris, la vierge blonde,
Jaillit dans la clarté sur l'écume de l'onde,

Mais farouche, plaintive, et sur un sein de lys
Te serrant, douce Lyre, échappée à son fils !
Puis elle alla s'asseoir aux sables du rivage,
Les yeux illuminés d'une terreur sauvage,
Les cheveux dénoués et mêlés de roseaux,
Et l'épaule bleuie à l'étreinte des eaux.
 Là, pleine d'amertume en son âme qui saigne,
Et regardant les fronts que la lumière baigne,
Elle chercha des yeux le mortel assez grand
Pour tenir la cithare où pleure un souffle errant.
Mais nul n'osa prétendre à ce divin trophée
De mort et d'harmonie. Ainsi mourut Orphée,
La Lyre. Mais plus tard ce fut de son esprit
Errant dans les grands bois où l'herbe en fleur sourit,
Mais que le bûcheron frappe de sa cognée ;
Ce fut de son amour, de son âme indignée
Que naquirent tous ceux dont le chant vif et clair
S'envole dans l'orage en feu comme l'éclair
Et plane comme un aigle au sein des cieux féeriques,
Les dompteurs, les charmeurs, les poètes lyriques :
Tyrtée, Alcée en pleurs dont les vers fulgurants
Ont jeté la terreur dans l'âme des tyrans,
Et dont la sombre haine invincible et crispée
Se retrouve, ô Chénier ! sur ta tête coupée ;
Pindare que d'en haut suivent les Dieux épars,
Qui chante dans le bruit des coursiers et des chars
Et qui s'envole au but sacré tout d'une haleine !
Et toi, grande Sappho, reine de Mitylène !

Lionne que l'Amour furieux enchaîna,
Près de la mer grondante, avec son Erinna,
Elle enseignait le rhythme et ses délicatesses
Au troupeau triomphal des jeunes poëtesses,
Et glacée et brûlante, au bruit amer des flots
Elle mêlait des cris de rage et des sanglots.
Éros, qui nous atteins avec des flèches sûres,
De quels feux tu brûlas et de quelles blessures
Son chaste sein meurtri par le baiser du vent !
Mais comme rien ne meurt de ce qui fut vivant,
Sa colère amoureuse et de souffrance avide,
Plus tard devait dicter sa plainte au fier Ovide
Qui, choisissant l'amour, eut la meilleure part,
Et frémir dans les vers d'Horace et de Ronsard.

Mille chanteurs ont dit chez nous, riants Orphées,
Les chevaliers héros protégés par les Fées ;
Villon, ce bel enfant qui n'eut ni feu ni lieu,
A chanté sa ballade en riant comme un dieu,
Et Marot, comme un Faune escaladant la cime
Du mont sacré, baisa les lèvres de la Rime ;
L'harmonieux Ronsard fit vibrer sous ses doigts
La glorieuse lyre où sommeillent des voix,
Et joyeux, anima de son archet d'ivoire
Un Tempé souriant près de la verte Loire.
Pindare, son aïeul, lui dit les grands secrets,
Et les Nymphes baisaient son front dans les forêts.
Attirant sur ses pas, au milieu des Déesses,
Un troupeau louangeur de rois et de princesses,

Il nous rendait Properce et Tibulle et ce doux
Catulle, et ses chansons apprivoisaient des loups.
Au tiède renouveau, sous la verdure tendre
Cythérée amenait son enfant pour l'entendre.
Comme un rouge Soleil entouré d'astres d'or
Il régnait, et, charmeur d'âmes, volait encor
Le Sonnet et la rime enflammée à Pétrarque ;
Et par lui, ravissant l'inexorable Parque,
Victorieuse, comme en un festin d'amour
Le vin de pourpre emplit un vase au pur contour,
L'âme française entra dans les mètres d'Horace
Élégants et précis. Voilà comment la race
D'Orphée, ainsi qu'un vol d'abeilles au doux miel,
Arriva jusqu'à nous des profondeurs du ciel.
Mais bien avant que sur la terre émerveillée
L'Ode aux cris éclatants ne se fût réveillée,
Un homme colossal, une lyre à la main,
Se leva pour chanter un combat surhumain.

Comment dire ton nom, ton nom, géant Homère !
Qui dominas du front cette Grèce ta mère,
Et qui, roulant tout bas, spectre pâle et hagard,
Ta prunelle d'azur, sans flamme et sans regard,
Laissas couler un jour de ta main gigantesque
Toute l'Antiquité, comme une grande fresque !
Où sont tes Dieux ravis dans l'éblouissement
Et tes héros plus grands que tes grands Dieux ? Comment
Donnerai-je à mon vers une assez forte haleine
Pour chanter les héros et le chanteur d'Hélène ?

Qui t'instruisait, ô Roi ? Quels secrets épiés
T'apprirent ces mortels qui rampaient sous tes pieds
Qui t'avait révélé, vieux mendiant des routes,
Le ciel éblouissant et les splendides voûtes ?
Qui t'a fait voir un jour, d'un œil épouvanté,
Le maitre dans sa gloire et dans sa majesté ?
N'étais-tu pas le fils d'Apollon, dieu de Sminthe,
Qui dicte à ses enfants une suave plainte ?
Ou, dieu toi-même, un jour, l'âme pleine de fiel,
Jupiter t'avait-il précipité du ciel,
Et ne cachais-tu pas, dans ton idolâtrie,
Un souvenir lointain de ta vieille patrie ?
Nul ne le sut. Tu vins, et d'un ton compassé,
Un pied sur l'avenir, l'autre sur le passé,
Tu chantas à grands flots ces créations pures,
Fleuve où s'abreuveront les cent races futures !
Tu marchais, échangeant, fier de ta pauvreté,
Quelque repas furtif pour l'immortalité,
Disant au peuple sourd à force d'insolence :
Nation, je te voue à la nuit du silence !
Pour l'immense avenir enflant ta large voix,
Mendiant, t'asseyant à la table des rois,
Et parmi les rayons, comme un essaim farouche
Les mots harmonieux murmuraient sur ta bouche.
Dans les enchantements de tes superbes vers,
Tu mis les deux splendeurs qui charment l'univers,
La Force et la Beauté sereine, et pour éclore
Ton œuvre s'éveilla dans une ardente aurore.

Le mot fatal brilla, l'autel fut consacré,
Le monde de l'idée étincela créé.
　Pour la beauté d'abord tu nous donnas Hélène,
Forme terrible et pure en son manteau de laine,
Pour laquelle à jamais les hommes et les Dieux
Se livrent sans relâche un combat odieux,
Et, comme sur un mont les roches ébranlées,
S'écroulent à longs cris dans tes grandes mêlées;
Hélène, au sort fatal qu'elle fuyait en vain,
Que Vénus réservait pour un bonheur divin,
Et qui, dès que le blond Pâris ouvrit la bouche,
Pensa voir Lyæus, le roi libre et farouche,
Le dieu charmant, riant, jeune, en qui s'est mêlé
Le sang de Jupiter au sang de Sémélé !
Hélène qui, riant sur sa couche fatale,
Tuait dans un baiser l'Asie orientale,
Et serrant sur son sein l'enfant aux blonds cheveux,
Étouffait un empire entre ses bras nerveux !
　Prophétesse en courroux, triste et fière lionne,
Comment saluas-tu la mère d'Hermione,
Lorsque endormant Pâris sur le navire ailé,
Ses chants retentissaient dans le détroit d'Hellé !
Oh ! quand tout l'avenir de carnage et de cendre
Passa comme un flambeau sur l'âme de Cassandre ;
Lorsqu'elle vit au loin, comme un jeune lion,
Achille déchirer les princes d'Ilion,
Que, le regard fixé sur toutes ces détresses,
Elle arrachait son voile et ses cheveux en tresses,

Quel frisson dut la prendre au haut de cette tour
Qui devait sur son front s'écrouler à son tour,
Et d'où ses yeux ont vu, dans l'horrible mêlée
De mille égorgements, la Guerre échevelée !
 Oui, ce furent bien là des combats palpitants
Et tels qu'en avaient eu les Dieux et les Titans,
Quand ces monstres hideux, fils de la Terre énorme,
Pour élever au ciel leur phalange difforme,
Sur l'escalier fatal que leur main exhaussa
Posèrent pour degrés Pélion sur Ossa !
Quels combats et quels chocs ! Vénus et Diomède,
Phœbus, Neptune, Ulysse et Minerve à son aide ;
Hector guidé par Mars et par Bellone, Hector
Dont les chevaux ardents brisent des harnois d'or,
Et derrière eux l'Asie ardente à se répandre
De l'Axius d'argent aux rives du Méandre ;
Atride et les Ajax au carnage excités ;
La Grèce impitoyable et toutes ses cités,
Depuis Cos, où les rocs semblent de noires tombes,
Jusqu'à Thisbé, séjour aimé par les colombes !
 Oh ! parle ! redis-nous de combien de héros
Les Dieux ivres d'horreur se firent les bourreaux !
Chante encore, apparais sous le deuil qui te navre,
Muse ! excite nos pleurs, montre-nous le cadavre
D'Hector, que tu suivis en tes longs désespoirs,
Balayant la poussière avec ses cheveux noirs !
Vierge, enfle tes clairons ; c'est là que tout commence,
Et rien n'eût rappelé cette Iliade immense,

Si, las de cette mer où tout poëte but,
Le père des héros n'eût vers un autre but
Tourné sa poésie enivrante et pressée,
Et gardé quelque amour à sa sœur l'Odyssée,
Rêverie à plis d'or, chant limpide et vainqueur,
Dont chaque note éveille un écho dans le cœur!
 Oh! que de passions et de saintes idées
Y dorment gravement, hautes de cent coudées!
Que de drames en germe étalés sous les fleurs!
Avec quel charme on suit du sourire ou des pleurs
Ce héros qui, jouet du courroux de Neptune,
Portant de tous côtés son étrange fortune,
Va parmi les flots verts, destructeur des cités,
Braver le dur cyclope et ses atrocités,
Suivre des yeux Pallas, guerrière vengeresse,
Dormir près de Circé la brune enchanteresse,
Et s'asseoir en haillons au grand festin des rois,
Ces fils de Jupiter, dont l'éclatante voix
De leur noble origine était comme une preuve,
Et dont l'enfant lavait ses robes dans le fleuve!
Comme on prête l'oreille au chant simple et divin
Qui jaillit au repas d'une coupe de vin,
Et peint avec amour ces beautés extatiques
Rayonnant au sommet sur les ombres antiques,
Ou qui, nous démasquant les recoins de l'autel,
Fait éclater les Dieux de leur rire immortel,
Devant le filet d'or à la maille serrée
Où Vulcain près de Mars enferme Cythérée!

Odyssée ! Iliade ! ô couple ardent et fort !
Vaste dualité, fille d'un même effort !
O lyres à cent voix ! ô douces Philomèles !
Coupes aux flancs sculptés ! créations jumelles !
Quel homme eût jamais cru qu'un délire nouveau
Eût pu vous enfanter dans le même cerveau ?
Pourtant, marchant pieds nus dans la ronce et les pierres,
Il tenait dans ses mains les géantes guerrières,
Et jusqu'au but sacré, sans redouter l'affront,
Il porta sans pâlir ces filles de son front.
Mais quand ce créateur eut son œuvre finie,
Cet inventeur des chants, ce héros, ce génie,
Consumé par les feux d'une céleste ardeur,
S'affaissa sous le poids de sa propre grandeur,
Et, les regards fixés aux cieux, où sur leurs ailes
Ses vers avaient porté des Déesses nouvelles,
Colosse, s'endormit au revers du chemin,
Fier, souriant encore, et tenant à la main
Sa lyre de héros, plus noble que l'épée
D'Achille. Ainsi mourut Homère, l'Épopée.
   Mais, ô Muse ! il revit pour jamais comme un dieu,
Dans un temple idéal ouvert sur l'azur bleu :
Nous le voyons, géant environné de gloire,
Dans la lumière, assis sur un trône d'ivoire.
Ses Filles à ses pieds, d'un geste souverain,
Tiennent encor la rame et le glaive d'airain.
Et là, Virgile avec sa longue chevelure,
Lucrèce, à l'œil épris de la grande Nature,

Le conteur de la guerre effrayante, Lucain
Portant dans sa poitrine un cœur républicain,
Dante, sombre et vêtu de sa robe écarlate,
Tasse, Arioste enfant qui nous berce et nous flatte,
Camoëns tout mouillé par le flot de la mer,
Milton qui se souvient du ciel et de l'enfer,
O Muse! tous ces rois, tous ces conteurs épiques,
Nés pour chanter les chocs des glaives et des piques,
Tous ces grands inspirés qui, même privés d'yeux,
Plongent dans l'insondable éther, et voient les Dieux
Et leurs palais qui dans la lumière se dorent,
Veillent, silencieux, près d'Homère et l'adorent;
Car ils sont tous les fils de son glorieux sang.

Ils sont même sortis de son robuste flanc,
Ceux-là qui, vendangeurs aux doigts tachés de lie,
Ont suivi Melpomène, ou la brune Thalie
Dont on craint le regard charmant et meurtrier:
Eschyle au vaste front couvert du noir laurier,
Dont le Mède a connu la bravoure intrépide,
Sophocle, et le charmeur des femmes, Euripide,
Et cet Aristophane irritable, au grand cœur,
Dont la colère chante avec les voix du chœur,
Ménandre, Plaute esclave, et le sage Térence,
Le vieux Corneille, honneur éternel de la France,
Et Racine qui prend les âmes, et Regnard,
Et La Fontaine encor sans égal dans son art,
Qui, dans son Iliade ingénue et subtile,
Fait du renard Thersite et du lion Achille.

Tous adorent Homère et vers lui sont venus
Par le hardi chemin qu'ont touché ses pieds nus.
S'ils n'ont pas, comme lui, des cimes escarpées
Précipité le flot des larges épopées,
C'est que l'homme enfermé dans les champs et les murs,
Toujours courbé vers l'or ou vers les épis mûrs,
Et n'ayant plus d'amour pour les collines veuves,
Se trouva trop petit pour boire à ces grands fleuves.

 Alors pour nous fixer au monde où nous passions,
Vint le Drame vivant qui peint les passions,
Et sa riante sœur, la folle Comédie,
Qui jette sur nos mœurs la satire hardie.
Un masque sur le front, effroyable ou rieur,
Des chercheurs, attirés par l'homme intérieur,
Avec le dur scalpel vinrent déchirer l'âme
Et l'éclairer tremblante à leurs torches de flamme,
Soulevèrent du doigt l'enveloppe qui ment,
Surprirent le secret de chaque mouvement,
Et léguant devant tous leur étude profonde
A la postérité, cette voix qui féconde,
Chantèrent au soleil, harmonieux Memnons.
Mais par-dessus leurs voix et par-dessus leurs noms
Rayonnent sur la scène où leur souffle respire,
Le justicier Molière et le divin Shakspere !
Deux sages, deux voyants brûlés du même feu,
Et qui sur notre monde ont laissé pour adieu
Mille créations palpitantes d'extases,
Dont le sein est vêtu de rêves et de gazes,

Et qui, sur notre ennui, du haut de leur ciel pur,
Jettent de longs regards d'incendie et d'azur.
   Oh! le bon sens joyeux et brutal de Molière!
Ce dilemme subtil, acharné comme un lierre,
Cette franche tirade ou bien ces mots si courts,
Étincelles d'esprit qui charmèrent les cours,
Oh! qui nous les rendra? Quand donc, pleins de querelles,
Reverrons-nous gonfler ces charmants Sganarelles
Dont l'honneur outragé crève comme un ballon?
Quand roucoulerez-vous, ô reines de salon!
Ces madrigaux ouvrés et ces fadaises tendres
Qu'improvisaient pour vous de précieux Clitandres?
Quand donc les Vadius avec leurs Trissotins
Viendront-ils débiter leurs supplices latins
Aux tout petits pieds blancs de nos Muses, dont mainte
Laisse derrière soi Bélise et Philaminte!
Hélas! chaque Henriette aujourd'hui sait le grec!
Et toi, qui regardais les bavards d'un œil sec,
Alceste soucieux, Céladon misanthrope,
Qui vers ton cher soleil, comme l'héliotrope,
Tournes tes yeux ardents, reviendras-tu des bois
Pour gourmander un peu notre monde aux abois?
Ces Jourdains lamés d'or et ces Josses orfèvres,
Comme ils nous manquent tous avec leur rire aux lèvres!
Comment nous laissent-ils, ces amis? et comment
Nous sommes-nous passés de ce troupeau charmant?
   Oh! comme ils savent tous des façons bien apprises!
Comme ils mènent à bout leurs folles entreprises!

Comme tous ces maris, bouffons dont vous riez,
Sont bien aux yeux de tous triplement mariés !
Et comme ce marquis, bel ourdisseur de trames,
Qui leur vole à plaisir leurs filles et leurs femmes,
Est un charmant vaurien dont un regard séduit
Magiquement, la jeune Agnès dans son réduit !
Il s'appelle Damis, Horace ou bien Valère ;
Il est tendre et charmant jusque dans sa colère ;
Il est fait comme un dieu, rose comme un enfant,
S'avance avec un air superbe et triomphant,
Et passe, d'une main la plus blanche du monde,
Son peigne dentelé dans sa perruque blonde.
Aussi les fleurs de cour, aux yeux extravagants,
Laissent-elles tomber leurs cœurs avec leurs gants
Devant ce dédaigneux, qui se baisse à grand'peine
Pour ramasser à terre une âme toute pleine !
Et c'est justice, au fait, car ses rubans sont lourds
Et parent follement son habit de velours ;
Ses canons précieux sont du plus grand volume,
Et son chapeau lissé disparaît sous la plume.
De plus, il sait jeter son or à pleines mains,
Et d'un large mépris couvre tous les humains.
Après tout, les Orgons et les pères Gérontes
Ont le tort d'être laids comme l'ogre des contes,
De garder leurs écus comme des Harpagons,
D'être vêtus de noir et de sortir des gonds,
Au lieu de chantonner ces paroles magiques
Dont rêvent les Agnès comme les Angéliques.

Puis, comment laissent-ils auprès de leurs trésors,
Eux qui, Dieu sait pourquoi, sont si souvent dehors,
Ces soubrettes d'esprit aux gorges découvertes,
Dont la robe et la main à chacun sont ouvertes,
Et qui, tout en jouant aux vieux de si bons tours,
Veillent folâtrement sur le nid des Amours ?
Filles de bon conseil, retorses comme un juge,
Promptes à la réplique ainsi qu'au subterfuge,
Vous faites bien pendant à ces dignes Scapins
Dans leurs manteaux d'azur que Watteau nous a peints !
Heureusement votre âme est encore assez probe
Pour démasquer Tartuffe, un allongeur de robe,
Qui cache à tout propos son cœur licencieux
Sous le manteau divin de l'église et des cieux,
Et qui, tout en parlant de l'enfer lamentable,
Pousse pieusement Elmire sur la table ;
Tartuffe, ce penseur aux lèvres de rubis
Que nous trouvons partout et sous tous les habits ;
Qui tâte des deux mains en profond philosophe,
Le désir sous les mots, la chair avec l'étoffe,
Et dans ce monde étrange où le mal est tyran
Serait leur maître à tous, s'ils n'avaient pas don Juan !
   C'est le roi, celui-là ! c'est le roi, faites place !
Regardez ! c'est don Juan qui porte un cœur de glace,
Qui, tenant dans sa main le magique rameau,
Corrompt la grande dame et l'enfant du hameau,
Raille, sans essuyer le sang après sa manche,
Son père en cheveux blancs, après monsieur Dimanche,

Et qui, par les replis d'un labeur sombre et lent,
Jusqu'à l'hypocrisie a poussé le talent !
C'est don Juan qui, debout devant l'homme de pierre,
A subi ses regards sans baisser la paupière,
Et qui tenait si bien sa coupe entre ses doigts
Que son cœur et sa main n'ont tremblé qu'une fois !
O spectacle éternel ! ô fiction mouvante,
Qui par sa vérité nous glace d'épouvante !
Quand le divin Molière, une lampe à la main,
Éclaira devant tous les plis du cœur humain,
Les peuples, ignorant si le bouffon qu'on vante
Suscitait devant eux la Sagesse vivante,
Applaudissaient déjà ses grotesques portraits,
Sur les passants du jour copiés traits pour traits.
Car ils sont bien réels tous, avec leur folie !
Ces types surhumains costumés par Thalie
Ont une passion sous leur rire moqueur ;
Sous leurs habits de soie on sent frémir un cœur.
S'ils incarnent l'Amour, la Fourbe ou l'Avarice,
Ils sont hommes aussi, la terre est leur nourrice !
Leur langage profond, dont chacun a la clé,
Est un clavier superbe ; et rien n'eût égalé
Ce théâtre vivant qui frissonne et respire,
Si Dieu n'eût allumé l'autre flambeau : Shakspere !
 Dans le monde réel plein d'ombre et de rayons,
Tout ce qui nous sourit, tout ce que nous voyons,
Les cieux d'azur, les mers, ces immensités pleines,
La fleur qui brode un point sur le manteau des plaines,

Les nénuphars penchés et les pâles roseaux
Qui disent leur chant sombre au murmure des eaux,
Le chêne gigantesque et l'humide oseraie
Qui trace sur le sol comme une longue raie,
L'aigle énorme et l'oiseau qui chante à son réveil,
Tout revit et palpite aux baisers du soleil.
C'est de lui qu'ici-bas toute splendeur émane;
C'est lui qui répandant la clarté diaphane,
Charme le tendre lys comme le jeune aiglon,
En secouant au loin ses cheveux d'Apollon.
De même, dans ce monde aux choses incertaines,
Où la voix du poëte est le bruit des fontaines,
Où les vers éblouis sont la brise et les fleurs,
Les rires des rayons, les diamants des pleurs,
Toute création à laquelle on aspire,
Tout rêve, toute chose, émanent de Shakspere.

   Shakspere, ce penseur! ombre! océan! éclair!
Abîme comme Gœthe! âme comme Schiller!
Or pur dont la splendeur s'éveille dans la flamme!
Œil ouvert gravement sur la nature et l'âme!
Phare qui, pour guider les pâles matelots,
Rayonne dans la nuit sur des alpes de flots!
Mille autres avant lui, farouches statuaires,
Ont tourmenté l'argile au fond des sanctuaires
Sans avoir entendu le mot essentiel,
Et voulaient dans leurs mains prendre le feu du ciel;
Mille autres ont chanté, mais devant le prestige
De leur création, ils ont eu le vertige;

Sur eux, comme une houle, a passé l'univers ;
A peine si leurs noms surnagent sur leurs vers
Mais la grande pensée atteint avec son aile
Une aire énorme au haut d'une cime éternelle,
D'où ses mille rayons au monde épouvanté
Jettent l'intelligence et la fécondité.
 Le sang qui de son cœur s'écoule comme une onde,
A jeté son reflet de pourpre sur le monde.
Ainsi de ce sommet grandiose où nos yeux
Voient flamboyer son front à mi-chemin des cieux,
Shakspere sur la terre a semé des poëtes,
Ceux-ci remplis d'amour, et ceux-là de tempêtes.
Tout rêve, tout héros, vêtu de pourpre ou nu,
Dans sa vaste pensée est au fond contenu ;
Ainsi que Charlemagne il a tenu le globe,
Et pourrait emporter dans les plis de sa robe,
Avec leur pauvre lyre et leurs grands piédestaux,
Nos géants d'aujourd'hui drapés dans leurs manteaux.
Et s'il faisait un jour comparaître à sa barre
Les courtisans musqués de sa Muse barbare,
Comme de Henri quatre au sombre Richard trois,
Ses rois démasqueraient des fantômes de rois !
Eux seuls savent porter le sceptre et la couronne ;
Car il les portait bien, celui qui les leur donne,
Lui qui, les yeux remplis d'éclairs, et non content
De fouler sous ses pas un royaume éclatant,
S'élevait au-dessus de notre fange immonde,
Et dans un pays d'or se refaisait un monde !

Lui, créateur, à qui, sans craindre son effroi,
Dieu lui-même avait dit : Macbeth, tu seras roi !
Oh ! comme en se penchant sur cet univers sombre,
Où fourmillent ses fils et ses peuples sans nombre,
L'œil se baisse aussitôt et se ferme, ébloui
D'avoir vu rayonner dans cet antre inouï
Tant d'âmes de héros et tant de cœurs de femme,
Déchirés et tordus par l'orage du drame !
 Qui pourrait s'empêcher de craindre et de pâlir
Avec Cordélia, la fille du roi Lear,
Adorant, fille tendre, ainsi qu'une Antigone,
Son père en cheveux blancs, sans trône et sans couronne,
Parfum des derniers jours, pauvre Cordélia,
Seul et dernier trésor du roi qui l'oublia !
Qui, répétant tout bas les chansons d'Ophélie,
Ne retrouve des pleurs pour sa douce folie ?
Qui dans son cœur éteint n'entend sourdre un écho,
Et n'aime Juliette écoutant Roméo ?
Comme ces deux enfants, ces deux âmes jumelles
Que le premier amour caresse de ses ailes,
Aspirent en un jour tout un bonheur divin,
Et meurent, enivrés de ce généreux vin !
Juliette n'a pas quatorze ans ; c'est une âme
Enfantine, où l'amour brûle comme une flamme ;
Elle vient au balcon mêler dans chaque bruit
Les soupirs de son rêve aux cent voix de la nuit,
Si belle qu'on croirait sur son front diaphane
Voir le vivant rayon de la nymphe Diane,

Et le cœur si naïf qu'en ce calice ouvert
Le zéphyr qui murmure au sein de l'arbre vert
Apporte des serments pleins d'une douce joie !
C'est lui ! c'est Roméo ! Sur son pourpoint de soie
La nuit pâle et jalouse a répandu ses pleurs :
Il a sur son chemin écrasé mille fleurs,
Il a par des endroits hérissés, impossibles,
Franchi facilement des murs inaccessibles ;
Il lui faudra braver, pour sortir du palais,
Mille cris, les poignards de tous les Capulets !
Qu'importe à Roméo ? c'est pour voir Juliette !
Juliette sa sœur, pauvre amante inquiète
Qui dans cette heure douce où Phœbé resplendit,
Le rappelle cent fois et n'a jamais tout dit ;
Et qui, trop pauvre alors, pour pouvoir encor rendre
Son cœur à Roméo, l'aurait voulu reprendre !

  Oh ! lorsque tes cheveux aux magiques reflets
Inondent ton beau cou, fille des Capulets !
Quand on a vu pendant cette nuit enchantée
Rayonner ton front blanc sous la lune argentée !
Et toi, qu'à ton destin le ciel abandonna,
Toi qui nous fais pleurer, belle Desdemona,
Toi qui ne croyais pas, pauvre ange aux blanches ailes,
Qu'on pût voir parmi nous des amours infidèles,
Desdemona candide, ange qui va mourir,
Quand on a dans son cœur entendu ton soupir
Et ce que tu chantais en attendant le More :
La pauvre âme qui pleure au pied du sycomore !

Quand on connaît vos sœurs, ces anges gracieux,
Évoqués une nuit de l'enfer ou des cieux,
Miranda, Cléopâtre, Imogène, Ophélie,
Ces rêves éthérés que le même amour lie !
Quelle femme ici-bas ferait vibrer encor
Le cœur extasié par vos cithares d'or?

  Mais ce qui le ravit dans une molle ivresse,
C'est ce théâtre bleu fait pour notre paresse,
D'où, comme le bon sens, la grave histoire a fui,
Et laisse le rêveur chanter son chant pour lui.
On n'y mesure pas les poisons à la pinte;
Sans quinquets enfumés, ni ciel de toile peinte,
Mille gens plus pimpants qu'un sonnet de Ronsard,
En faisant des bons mots s'y croisent au hasard.
Là, des ruisseaux d'argent, dans des pays quelconques,
Versent leurs diamants aux marbres de leurs conques,
Des arabesques d'or se brodent sur les cieux;
Les arbres sont d'un vert qui ferait mal aux yeux;
Tout est très surprenant sans causer de surprises,
Et dans tout ce soleil on est baigné de brises.
Les héros vont partout sans y porter leurs pas,
Ne sont d'aucune époque et ne demeurent pas.
Les bouffons sont hardis comme des philosophes;
Les femmes ont au corps les plus riches étoffes,
Des robes de brocart, de saphirs et d'oiseaux,
Souples comme une vague ou comme les roseaux;
Des mantelets aurore ou bien couleur de lune
Jettent mille reflets sur leur épaule brune,

Avec mille bijoux, plumages et colliers.
Parfois sous de riants habits de cavaliers,
Égrenant sur leurs pas de folles épigrammes,
Elles courent les champs, enamourent les femmes,
Ont un beau nom de page, et vont prendre le frais
Avec leurs diamants dans de petits coffrets.
 Des Céladons rimeurs, amants d'une Égérie,
En habit de satin font de la bergerie,
Sont en grand désespoir, et, couchés sur le dos,
Regardent le soleil en faisant des rondeaux.
Mais la belle est un peu tigresse, et désappointe
Le concetti final, au moyen d'une pointe.
Les amoureux, gens nés, prennent bien leurs revers,
Parlent en prose, à moins qu'ils ne disent des vers,
Et ne s'empressent pas vers leur épithalame,
Sachant qu'Hymenæus, au dénoûment du drame
Viendra tout arranger avec ses vieux flambeaux.
Mais, pour servir de fleurs ils ont des madrigaux
Et les fichent après un arbre, qui s'empresse
De les faire tenir sans faute à leur adresse.
Dans des chars blonds, formés d'une écorce de noix
Et de fils d'araignée en guise de harnois,
On voit passer au loin de gracieuses fées
Qui chantent au soleil, bizarrement coiffées.
Les Ariels ont tous deux sexes; les lézards
Savent la pantomime et cultivent les arts.
Des gens à tête d'âne arrivent, quoi qu'on die,
Devant des seigneurs grecs jouer leur tragédie,

Où l'homme avec un chien représente Phœbé
Dans les tristes amours de Pyrame et Thisbé.
Leur tragédie est bête à soulever la bile :
Mais lion et Phœbé, tout semble tant habile,
Qu'on leur dit : Bien lui, Lune ! et : Bien rugi, Lion !
Le père Anchise arrive avec le galion
Pour reconnaître exprès à la fin, chose due,
Sa fille Perdita, c'est-à-dire perdue.

 Au lieu d'avoir des noms anglais, turcs ou romains,
Tous ont des noms charmants pour courir les chemins :
Mercutio, Célie, Orlando, Rosalinde,
Paroles, Pandarus, Corin, Sylvio ! L'Inde
Où l'on passe un flot rose en jonque de bambous,
Tandis que recueillis, seuls comme des hibous,
Des hommes fort dévots font saigner leur échine;
L'Eldorado, Kiou-Siou, Kounashir, et la Chine
Qui sur sa porcelaine a des pays d'azur,
N'ont rien de plus riant, de plus bleu, de plus pur
Que ce rêve, où parfois la rose Fantaisie
Près du chêne Saxon jette les fleurs d'Asie.
C'est un monde limpide où dorment en riant
Les mystères du Nord aux clartés d'Orient,
Où près des flots d'argent brillent dans les prairies
Des plantes d'émeraude aux fleurs de pierreries,
Où des bouvreuils jaseurs, pour payer leur écot,
Vocalisent, perchés sur un coquelicot !
C'est comme notre amour qui parlerait, ou comme
Un chant qui redirait ce qui chante dans l'homme;

C'est comme un zéphyr calme, ou comme un sylphe ailé
Qui caresserait l'âme. Et rien n'eût égalé
Ce beau théâtre empli d'une âme singulière,
Si nous n'avions pas eu l'autre flambeau : Molière !
  Car leur Muse à tous deux était la même enfant,
Jetant au ridicule un regard triomphant,
Ayant la liberté d'une fille espagnole,
Un éclair dans les yeux comme dans la parole,
Pourtant fière et naïve, et trouvant quelquefois
Un mot mystérieux et voilé dans sa voix,
Comme en leur soleil d'or l'Armorique ou l'Irlande
Ont des brouillards pensifs couchés sur une lande.
Elle qui, le sein nu, par les coteaux voisins,
Tordait sur ses cheveux la vigne et les raisins,
A présent soucieuse au désert où nous sommes,
Car tout son avenir était dans ces deux hommes,
Gémissait de les voir, par un effort uni,
S'user à découvrir le problème infini.
Car la science offerte aux cœurs des foules vaines
Est comme le sang pur échappé de nos veines,
Et ceux qui sur la scène ont répandu la leur,
En gardent pour toujours une étrange pâleur.
Quand tous deux effaçaient, délaissant leur royaume,
Lui le rouge d'Argan, lui le fard du fantôme,
Dieu savait chaque jour par quel changement prompt
Une ride nouvelle illuminait leur front.
Et la Muse pleurait sur leur métamorphose,
Elle essuyait ses pleurs de sa basquine rose,

Et voulait soutenir avec sa faible main
Ces Atlas accablés d'un univers humain.
Puis enfin, las un jour de leur tâche première,
Grands astres consumés par leur propre lumière,
Ils moururent devant les peuples étonnés,
Debout comme il convient aux hommes couronnés !

Alors ce fut sur nous comme une nuit étrange,
Où nul rayon d'en haut ne dora notre fange,
Où rien ne traversa le murmure profond
Que soulève l'idée et que les choses font.
Seulement, au lointain, sur les vertes collines,
On entendait gémir dans les brises divines
Un mélange confus de sanglots et de voix.
C'était le cri plaintif des Muses d'autrefois,
Exhalé, frémissant d'une douleur amère,
Sur la lyre d'Orphée et la lyre d'Homère !
Et leur plus jeune sœur, cet ange des amours,
Qui des plus pâles nuits jadis faisait des jours,
Qui du poëte aux rois étendait son empire,
Cette sœur de Molière, amante de Shakspere,
Racontait sa détresse au chœur aérien.
Qui me consolera? disait-elle, mais rien
Ne répondait encore à ses paroles vaines.
Son sang libre et jaloux gonflait partout ses veines,
Mais dans la nuit profonde où sommeillait la foi,
Nul flambeau ne disait à l'homme : Lève-toi !
Et comme les débris de cette antique Égypte,
Où, dans leur pyramide ou leur obscure crypte,

Dorment les Sésostris auprès des Néchaos,
Notre art, monde autrefois, redevenait chaos.

 Puis, après bien longtemps, lorsque sur des idées
Mortes en germe avant qu'on les eût fécondées,
Les sons, comme des flots qui tourmentent leurs quais,
Se furent bien longtemps dans l'ombre entre-choqués,
Le peuple vit soudain rayonner sur sa face
Un point resplendissant de lumière vivace.
Et comme on demandait quel était ce flambeau
Qui jetait sur la nuit un prestige si beau,
Les plus sages ont vu que c'était l'auréole
Au front du jeune enfant marqué pour la parole,
Comme furent jadis les hommes de Sion,
Et venu pour grandir sa génération.

 Ce n'était qu'un enfant. L'airain aux Feuillantines
L'avait bercé jadis de ses voix argentines :
Dans un jardin antique ombragé comme un bois,
La Nature, qui parle avec ses mille voix,
Lui disait chaque jour le secret grandiose.
Ivre de chants, de fleurs et de parfums de rose,
Il complétait son âme, oubliant, oublié,
Par un passé de gloire à l'avenir lié,
Méditant sans effort pour sa pensée agile
Virgile par les champs et les champs par Virgile ;
Dans son cœur inspiré, mais grave et sérieux,
Cherchant déjà le sens des bruits mystérieux,
Aux lauriers paternels, aux doux baisers de mère,
Comprenant les deux mots que lui disait Homère,

La Grandeur et l'Amour, et de mille rayons
Enveloppant déjà tout ce que nous voyons.
Dans son rêve, planant au loin sur les rivages,
Il aperçut, auprès des Bacchantes sauvages,
S'acharnant sur leur proie ainsi que des bourreaux,
Le fleuve ensanglanté par le chaste héros.
Puis, y voyant gémir sur leur divin trophée
Les sœurs de l'Harmonie et la mère d'Orphée,
Il regarda le monde, et, sachant dans son cœur
Les secrets oubliés du lyrisme vainqueur,
S'écria, plein déjà du céleste délire :
Je serai l'Harmonie et je serai la Lyre !
Et, sans faiblir après sous ce sublime effort,
Il dit aux fronts courbés, se sentant assez fort
Pour ourdir à son tour quelque sublime trame :
Je serai l'Épopée et je serai le Drame !
 Il se leva sur nous. Et l'homme triomphant
Tint si bien ce qu'au monde avait promis l'enfant,
Que le vieillard pensif dont la jeune Amérique
Se souviendra, lui dit d'une voix homérique :
Vous êtes l'avenir et je suis le passé !
Et que, dernier de tous, il a tout surpassé.
Lui seul, faisant saillir dans tout problème sombre
L'ombre par le rayon et le rayon par l'ombre,
A fait briller à flots sur nos illusions
L'immuable clarté faite de trois rayons,
Trinité solennelle à nos yeux apparue,
Triple aspect du foyer, du champ et de la rue.

Le foyer ! oasis aux souvenirs anciens,
Où dans la solitude on est tout pour les siens,
Sanctuaire où l'on sent comme il est bon de vivre
La tête dans les mains et les yeux dans un livre !
Là tout est doux, charmant, simple et mystérieux :
C'est l'épouse qui suit votre rêve des yeux,
Ce sont les beaux enfants pleins d'avenir, aux lèvres
Rouges comme les fleurs des vases de vieux Sèvres ;
Et la vierge étonnée, en son cœur ingénu,
De voir son front si pur, et si blanc son bras nu ;
Puis c'est un vieil ami qui cause de Tacite,
Qui lit à cœur ouvert dans Virgile qu'il cite,
Et dont les souvenirs, d'âge en âge espacés,
Vous reportent, jeune homme, à vos plaisirs passés.
　Foyer, doux manteau d'ombre ! ô naïve peinture
Flamande, que chacun refera ! la nature
A-t-elle plus que toi d'harmonie et de chants ?
Qui pourrait t'égaler, sinon l'air et les champs ?
Car les champs sont aussi le grand poëme, et comme
Un livre écrit par Dieu pour l'extase de l'homme.
C'est là que chaque lèvre, allant chercher son miel,
Boit, abeille, les fleurs, et, poëte, le ciel !
C'est là qu'un doux zéphyr fait frissonner la lyre,
Et que le mot s'écrit pour ceux qui savent lire ;
Ce sont des ruisseaux d'or, de larges horizons,
Des fruits divers donnés à toutes les saisons,
Des cascades, des fleurs, de grandes voûtes d'arbres,
Des cailloux anguleux plus brillants que des marbres,

Des oiseaux garrulants qui s'envolent troublés,
De gais coquelicots qui dansent dans les blés,
Des lacs aux flots unis où, sans cesse jetée,
La lumière dessine une moire argentée,
Des cieux pleins de blasons qui paradent au loin,
Et de vagues parfums qui s'exhalent du foin !
   Et sur ce beau décor, un chœur immense, un monde :
La verte demoiselle avec l'insecte immonde,
Le corbeau velouté, les bœufs aux larges reins,
Cherchant leurs Brascassats ou leurs Claudes Lorrains !
Chacun marche en sa voie. Au fond de la prairie
La génisse au flanc roux court dans l'herbe fleurie,
Les oiseaux attentifs portent au fond du nid
La mousse dérobée aux angles du granit,
L'insecte fait son trou, la verte demoiselle
Se mire dans le flot scintillant qui ruisselle,
Et dans une clarté l'épi s'ouvre au soleil.
Chacun cherche son but dès le premier réveil :
La fourmi son brin d'herbe, et l'homme sa charrue.
   Et comme aux champs, hélas ! chaque homme dans la rue
Doit labourer l'argile, et dans un tourbillon
Remplir encor sa tâche et creuser son sillon,
Et, sans devancer l'heure où la moisson commence,
Disputer aux oiseaux du ciel, herbe ou semence,
Les grains qui deviendront épis. Tout penseur doit
Désigner le vrai but, et le montrant du doigt,
Protéger tour à tour les peuples qu'on enchaîne,
Et le bon Roi, souvent insulté sous le chêne !

Cerveau lumineux, cœur où déborde l'amour,
Il doit, leur prodiguant sa pitié tour à tour,
Au milieu des abus toujours prêts à nous mordre,
Conserver et grandir la liberté par l'ordre,
Pour rajeunir sans cesse et pour purifier
L'atmosphère du champ et celle du foyer.
　Triple aspect du foyer, du champ et de la rue,
O trilogie énorme avec le temps accrue,
Pour dégager de toi la tranquille clarté,
Il fallait un penseur qui, de tous écarté,
Reçût, seul entre tous, de la muse d'Homère
La royauté, nectar qui fait la coupe amère !
Aussi la Muse eut-elle un regard triomphant
Lorsque, sur le berceau divin de cet enfant,
Elle vit, consolée enfin de son désastre,
La flamme de l'esprit s'allumer comme un astre !
Si bien que cet enfant, ce rêveur radieux,
Calme, indulgent et fort comme les demi-dieux,
Ce grand porte-lumière, élu dès sa naissance,
L'illumina plus tard de sa reconnaissance ;
Et sentant ce jour-là tous les peuples divers
Assez grands pour la voir avec leurs yeux ouverts,
Il la leur montra, belle, ingénue et sans voiles,
Ayant sur ses bras nus la blancheur des étoiles,
Et dans la coupe, où luit l'éclair d'un diamant,
Buvant le vin de pourpre avec son jeune amant !
Le beau printemps vermeil les salue et les fête,
Et, comme un chœur sublime, autour de ce poëte

En qui revit l'orgueil des temps évanouis,
Des poëtes nouveaux se pressent éblouis.
　Les voilà. Ce sont eux, les héros qui délivrent !
J'entends leurs cris d'amour et leurs voix qui m'enivrent,
Et, dans la route sûre où je suivrai leurs pas,
Je vois tous ces vainqueurs de l'ombre et du trépas.
Byron n'est plus ; il dort dans la gloire suprême,
Fier, adoré, superbe, et la Muse elle-même,
De son âme brisée emportant le meilleur,
Baisa le pâle front de ce don Juan railleur.
Lamartine aux beaux yeux, qui charme et qui soupire,
Près du lac frissonnant chante encor son Elvire ;
Les deux Deschamps, brisant la maille et les réseaux,
S'élancent dans l'air libre ainsi que des oiseaux ;
Sainte-Beuve revoit ses maux et nous les conte ;
Vigny, doux et hautain, sous son manteau de comte
Garde pieusement notre orgueil indompté ;
Musset, les yeux brûlants, pâle de volupté,
Sent dans son cœur brisé naître la poésie ;
Barbier rugit ; Moreau célèbre sa Voulzie ;
En Valmore Sappho s'éveille et chante encor ;
Delphine, sa rivale, en ses longs cheveux d'or
Triomphe, poëtesse à la toison vermeille ;
Laprade s'est penché sur Psyché qui sommeille ;
Méry taille et sertit, merveilleux joaillier,
Les rubis indiens en un rouge collier ;
Brizeux nous a rendu les fiers accents du Celte ;
Sous ses longs cheveux noirs, beau rhapsode au corps svelte,

Gautier, pensif et doux, qui semble un jeune dieu,
Réfléchit l'univers dans sa prunelle en feu,
Et quand Heine, d'un vers joyeux et plein de haine,
Perce les serpents vils de la Bêtise humaine,
On croit voir sur la fange et dans l'impur vallon
Pleuvoir les flèches d'or de son père Apollon.
 Nos horizons lointains de clarté se revêtent,
L'air vibre, et c'est ainsi que ces lyriques jettent
Aux quatre vents du ciel leurs chants nobles et purs;
Et la Muse les guide aux prodiges futurs,
Et mûrit lentement leur œuvre qu'elle achève,
Sage, car elle sait; jeune, car elle rêve !
Son jour se lève bleu. Sur ses bras assouplis
Flotte un voile pourpré. Les temps sont accomplis.
 O Déesse, âme, esprit, clarté, Muse nouvelle,
Qui renais du passé plus farouche et plus belle,
Toi qui mènes aussi tes enfants par la main,
Charmeresse au grand cœur, montre-moi le chemin!

Janvier 1842.

Les Baisers de pierre

> La lumière des candélabres devint blafarde et verte, les yeux des femmes et les diamants s'éteignirent ; le rubis radieux étincelait seul au milieu du salon obscurci, comme un soleil dans la brume.
>
> Théophile Gautier, *Onuphrius*.

A Armand du Mesnil

Sois béni, mon très cher ! ta gracieuse lettre
M'a trouvé justement comme j'allais me mettre
Au lit. Quand sur un vers on s'est presque endormi,
C'est un charmant réveil qu'une lettre d'ami ;
Un carré de papier qui vient de tant de lieues,
Auprès du foyer rouge ou des collines bleues,
Vous dire les échos de la grande cité !
Oh ! cher ! en te lisant, mon cœur tout excité

S'élançait dans l'azur vers son Paris grisâtre.
Le feu plein de rubis qui pétille dans l'âtre,
La cigarette amie et le punch vigilant
Qui fait danser au mur un farfadet sanglant,
Notre bon far-niente avec nos causeries,
Nos divagations dans les routes fleuries,
Je voyais tout cela ! Près des riants Lignons
J'égarais de nouveau tous nos chers compagnons
Qui remplissent de vin les verres de Venise,
Et ces pâles enfants que mon vers divinise
Et dont la lèvre, prompte à nous incendier,
A pris sa folle pourpre aux fleurs du grenadier.

 Ce que j'aime de toi, c'est que la poésie
Qui coule sous ta plume et qui me rassasie,
N'exclut aucunement ces détails parfumés
Qui reportent le cœur sur les objets aimés.
Tu rêves donc toujours ! Et Victor ? Il travaille.
Son déstin est marqué, vois-tu. Vaille que vaille,
Il ira loin. Alfred aime toujours Jenny ?
Hélas ! si, pitoyable à son rêve infini,
Elle entr'ouvrait le ciel à cet enfant qui souffre,
Il nous rappellerait Décius et le gouffre.
Il est triste pourtant, pour un beau chérubin,
D'avoir vu tant de fois son Ève dans le bain,
De l'avoir aspirée à long regard de faune,
Sans pouvoir défleurir le bout de son gant jaune.
Un jour qu'il ébauchait la Magdeleine en pleurs,
Jenny parut soudain, comme un bouquet de fleurs :

Le tableau saint lui plut, à la fille profane;
Mais il était promis à quelque autre sultane,
Si bien que notre ami jeûna devant l'Éden
Qu'il se serait ouvert au seul prix d'un amen.
Une chose, à mon sens, qu'on doit trouver exquise,
C'est ce que tu me dis, cette pauvre marquise
Toujours en pleurs, toujours fidèle à son tourment!
On dit Lutèce triste épouvantablement,
Et que dans cet ennui, dont s'augmente la dose,
On adore pourtant mademoiselle Doze.
Un nouveau diable est-il entré dans le beffroi?
Dis-moi l'événement du jour, tandis que moi,
Pour te conter aussi quelque nouvelle histoire,
Je fouille vainement le fond de l'écritoire.

   Dois-je à ton préjudice, infortuné songeur!
Abuser des récits que pare un voyageur?
Cela m'ennuierait fort, et ce serait folie.
Eussé-je parcouru l'Espagne ou l'Italie,
Rien ne t'empêcherait en me laissant moi, nain,
De lire là-dessus Dumas, ou mieux, Janin.
Et d'ailleurs, à Bourbon, aux pelouses d'Avermes,
Dont l'Allier, fleuve d'or, arrose les dieux Termes,
A Souvigny, vieille *urbs,* où près des noirs piliers
Dorment sur leurs tombeaux d'antiques chevaliers,
A Moulins, sous les vieux tilleuls du cours Bérulle,
J'ai gardé la folie et l'amour qui me brûle.
Je suis toujours le même et tel que tu m'as vu,
De fantaisie étrange abondamment pourvu,

Joyeux, gai, chérissant la vie et son ivresse,
Mais plus jaloux toujours de ma blonde paresse.
Je continue à croire ici que les héros
Trouveraient dans les champs, à l'ombre des sureaux,
Ce qu'ils cherchent au sein des batailles rangées.
Quant aux paupières, moi, je les aime orangées.
Pour dormir le matin, j'aime épais les rideaux,
Et préfère ardemment le Bourgogne au Bordeaux.
Puis, n'étant pas de ceux que l'amour scandalise,
J'en parle volontiers chez une Cidalise.
Rousse comme à Cythère, et les yeux éclatants,
Sa taille a beaucoup plu quand elle avait vingt ans.
Ainsi, je te l'ai dit, je suis toujours le même,
Toujours aussi Français, toujours aussi Bohème,
Toujours de bonne race enfin, dur comme un roc
Aux faiseurs, et moins fort que le bon Paul de Kock
Pour agencer tout seul le plan de quelque chose,
Du reste, chérissant l'écarlate et le rose.
 Ma Muse, à moi, n'est pas une de ces beautés
Qui se drapent dans l'ombre avec leurs majestés
Comme avec un manteau romain. C'est une fille
A l'allure hardie, au regard qui pétille ;
Charmeresse indolente, elle sait parfumer
Ses bras nus de verveine et de rose, et fumer
La cigarette ; elle a des étreintes lascives,
Des chastetés d'enfant et des larmes furtives.
Ne t'étonne donc pas que de l'ami Prosper
Elle ne t'ait pas fait un héros duc et pair.

Si le supplice lent que son loisir te forge,
L'ennui, te saisissait par trop fort à la gorge,
Car, par oubli sans doute, on n'a pas fait de loi
Contre les rimailleurs, eh bien ! figure-toi
Que nous sommes encore à ces folles soirées,
Où nous buvions l'espoir dans les coupes dorées,
Où nos yeux pleins de rêve, autour du kirsch en feu,
Dans les flots de fumée avaient un pays bleu.
On y raillait toujours quelqu'un ou quelque chose ;
Nous lisions, moi, des vers, parbleu ! toi, de la prose ;
Le poëte pourtant, c'est bien toi. Le passé
Revient, je continue un récit commencé.

   Donc, Prosper apparaît. Seize ans, l'âge critique.
Avec un père imbu de la sagesse antique,
Un père homme d'esprit, là, comme on n'en voit pas,
Tout plein d'un vieux respect pour les quatre repas,
Mais qui, fort dénué du revenu des princes,
Trouvait bon de laisser son épouse aux provinces.
Et puis une cousine au regard enragé
Qui sortait chez le père aux grands jours de congé,
Un démon de velours, une pensionnaire
Dont le vainqueur d'Elvire eût fait son ordinaire.
Petits pieds andalous, braise rougeâtre aux yeux,
Corps de liane, bras d'ivoire, cheveux bleus.
Tout cela s'appelait Judith. La vierge, en somme,
Eût fait par son sourire un empereur d'un homme.
Prosper ne devint pas du tout empereur, mais
Il devint en revanche amoureux, ou jamais

Homme ne désira cette pourpre enchantée
Qui frémit sur la lèvre en fleur de Galatée.
Il aimait à tel point, lui, qu'il en maigrissait.
Comment la guérison arriva, Dieu le sait.
　Ce fut d'abord un soir, sous une allée ombreuse :
Judith lui confia qu'elle était malheureuse,
Que sa petite amie aimait un monsieur brun,
Et qu'elle voudrait bien aimer aussi quelqu'un.
Notez que ce jeune homme avait deux noirs complices
De son naissant amour, oui, deux moustaches lisses
Comme une aile de cygne, et qu'il était rempli
De politesse ; enfin un jeune homme accompli.
Prosper lui répliqua : Moi, je n'ai pas encore
De moustaches ; mais, vois, ma lèvre se colore,
Et j'en aurai bientôt. Si tu veux me laisser
T'aimer, sois ma chère âme, et je vais t'embrasser.
　Or, Judith objecta qu'elle avait eu la fièvre,
Que les baisers laissaient des traces sur la lèvre,
Et se mit en colère avec sa douce voix,
Si bien que son cousin l'embrassa quatre fois.
Puis elle n'osa plus se fâcher, dans la crainte
D'être embrassée encor. Voyez quelle contrainte !
Les choses allaient donc au mieux. S'il n'eût fallu
Rentrer pour le souper, tu ne m'aurais pas lu
Davantage. Le cœur de Prosper se dilate,
Et la fillette semble une rose écarlate.
Le pater Anchises, qui commence à souffrir
D'une superbe faim, a crié d'accourir,

Et jure que le soir on attrape du rhume.
Prosper prouve *contra* que l'exercice allume
L'appétit, et qu'aux nerfs il est quelquefois bon.
Le père, là-dessus, découpe le jambon.

Que ton parfum est doux, ô suave caresse !
O bonheur encor chaste et déjà plein d'ivresse !
Oh ! ces regards tout pleins de billets doux, ces pieds
Qui se cherchent tout bas, vainement épiés !
Oh ! comme cet Amour, enfant né dans les flammes,
Est un bon statuaire et sait pétrir les âmes !
Oh ! que tristes et longs passent les lendemains !
Comme on invente alors, pour se tenir les mains,
Quelque moyen nouveau que l'on ignorait ! Comme
Il veut dire à la fois, le nom dont on *la* nomme,
Étoile, perle, fleur, chanson, lumière ! Et puis
Tu sais, on va le soir regarder dans le puits
La fleur qui de ses mains fragiles est tombée.
Je crois qu'on la prendrait d'une seule enjambée !
Comme tout devient rose et doux ! Comme on est fier
Du vieux ruban flétri qu'elle portait hier !
O démence ineffable et qui nous fait renaître !
On en serait heureux, si quelqu'un pouvait l'être.

Pourquoi le cœur est-il si large et si profond,
Que nulle volupté n'en atteigne le fond ?
Pourquoi, noyé des feux d'une humide prunelle,
Voulons-nous embrasser la menteuse éternelle,
Et d'où vient ce désir d'être déchiqueté
Entre les doigts crochus de la Réalité ?

Certes, Prosper avait une âme de poëte,
Mais de riches désirs bouillonnaient dans sa tête,
Et ses sens lui disaient que ce n'est pas assez
De la communion des regards embrassés.
Souvent il s'en alla dans les bruyères sombres,
La nuit, s'asseoir tout seul au milieu des décombres;
Il s'en alla gravir le pied fangeux des monts,
Où les rocs dentelés semblent de noirs démons :
La lune aux yeux d'argent frissonnait. La rosée
Pleurait de chastes pleurs sur sa bouche arrosée;
Tout semblait un joyau doux et silencieux;
La terre d'émeraude et la turquoise aux cieux,
Et le frêle rameau tendant sa verte palme;
Tout, excepté les sens de Prosper, était calme.

 Au fait, comment rester tant de jours sans se voir?
Vivre un jour sur huit jours, est-ce vivre? Et le soir
Se quitter! et sentir sur une froide couche
La Solitude avec son baiser sur la bouche,
Courtisane de marbre, et qui vient vous saisir
Quand votre ami la chasse aux rires du plaisir!
Et ces rêves menteurs! Et ces nuits d'insomnie,
Quand, près du temple où dort la chère Polymnie,
On rôde, l'œil fixé sur le vieux mur éteint
Qui des rayons du monde a préservé son teint!

 Un grand homme inconnu, joueur de chez Procope,
Disait que le désir est un bon microscope :
Or, tant de fois Prosper vint explorer le mur,
Que pour cet examen un soir le trouva mûr.

Il vit qu'au résumé la pente était fort douce,
Et les pierres d'en haut recouvertes de mousse.
Il alla donc trouver Judith, et lui fit part
De l'idée. On pouvait assiéger le rempart.
L'enfant sourit tout bas, baissa sur les étoiles
De ses pudiques yeux l'ébène de leurs voiles,
Et dit que là-dessus il fallait éclairer
La sous-maîtresse, afin que l'on fit réparer
La muraille. Tu vois qu'ils étaient loin de compte.
Prosper à ce mot-là devint rouge de honte.
Puis vinrent les serments, les larmes, les combats.
Elle écoutait si bien, et lui parlait si bas,
Qu'à peine si la brise avec ses ailes d'ange
Emporta quelques mots de ce céleste échange.
— Vous me faites mourir, Monsieur ! — Venez ici !
— Non, je te hais ; va-t'en ! — Vous croyez ? Grand merci !
— Et mon honneur, Monsieur ! Un mur ! la belle histoire !
— Je t'aime ! — Taisez-vous, démon ! — Un bras d'ivoire !
— Mais je n'y viendrai pas. — Des yeux à s'y noyer !
— Vous mentez, vous ! — Je t'aime ! — Oh ! le beau plaidoyer !
Ici la brise encor passa mystérieuse,
En courbant les rameaux du saule et de l'yeuse.
— On peut, sans être vue, en un sombre peignoir...
— On ne peut pas, Monsieur ! — S'échapper du dortoir.
— Je ne t'écoute plus. — Enfant ! — Oh ! dis, toi-même,
Non, tu ne voudrais pas me perdre ainsi ! — Je t'aime.
Ces pauvres amoureux n'ont pas d'autre raison !
Celle-là, par bonheur, est toujours de saison.

Parlèrent-ils encor ? Je ne sais trop. La brise
Ne les entendit plus. Mais, sur la pierre grise,
Près du mur dont la mousse a rongé les granits,
Elle revint un soir baiser leurs fronts unis.
Quelle joie, ô mon Dieu ! les heures solennelles,
La nuit qu'ils éclairaient de leurs chaudes prunelles,
Le parfum des jasmins et des pâles rosiers,
Tout prenait à la fois leurs cœurs extasiés.
La brise soupirait entre eux deux. Leurs paroles
Ne s'échangèrent plus, et puis leurs lèvres folles
Confirmèrent tout bas les clauses de l'hymen
Que la main de chacun jurait à l'autre main.
Ce fut comme un éclair où flambent deux nuages,
Ineffable moment que les plus durs naufrages
Ne sauraient arracher du cœur ! Car, si profond
Qu'il soit, et quelque fiel qu'il élabore au fond,
Quelque orage qu'un jour la passion y fasse,
Toujours ce feu céleste en dore la surface.
Oh ! comme ils oubliaient le monde, cet égout !
Et leurs plaisirs d'enfant, et leurs mères, et tout !
Comme au baptême saint des invisibles flammes
Ils brûlaient leurs passés et retrempaient leurs âmes !
Fut-ce un rare bonheur pour les sens enlacés ?
Oui, mais les vrais moments d'extase étaient passés ;
Car les plus doux transports sont dans l'inquiétude
Dont les rêves s'en vont à la béatitude,
Quand le cœur comprimé doute, et sous le surcroît
Du doute, se replie et se réveille, et croit !

Mais quand l'illusion s'incarne tout entière,
Lorsque l'ange du rêve est devenu matière,
On ne sait plus alors ce qu'on en pensera.
C'est le provincial qui vient à l'Opéra
Des clochers inconnus de sa verte campagne.
Il vient comme on viendrait au pays de Cocagne,
Si bien que ni le chant, ni le public choisi,
Ni le vol fabuleux de Carlotta Grisi
Et les pâles Willis avec leurs maillots roses,
Ne semblent à ses yeux de merveilleuses choses.
Il rêvait tout moins beau, mais quelque chose encor,
Et croyait au perron trouver des marches d'or.
C'est ainsi que l'espoir s'entoure de mensonges,
Et que la passion est un pays de songes
Où l'on va comme un homme enivré d'alcool.
Il semble qu'on va suivre un aigle dans son vol,
Qu'on est grand, que la joie et ses rudes atteintes
En râles convulsifs tordront les chairs éteintes,
Qu'on se relèvera tout autre; mais souvent
On se retrouve après Gros-Jean comme devant.

 Aussi lorsque j'ai soif de rage et de caresse,
En un mot, que je veux choisir une maîtresse
Telle que le dieu grec les élève à son jeu,
Une femme de lit, je m'inquiète peu
Des petits pieds de reine et des yeux en amandes.
Ce qu'il me faut, à moi, ce sont les chairs flamandes
Que dessinait Rubens de son hardi pinceau.
Quant à ces doña Sol aux tailles d'arbrisseau

Dont les cheveux pleureurs vont en rameaux de saules,
C'est trop triste pour moi. Mais de larges épaules,
Des jambes d'amazone et des bras sans défaut,
Et des muscles de fer, voilà ce qu'il me faut!
Avec son torse fier, la Vénus Callipyge,
Comme poëme épique, est un rare prodige.
Des bandeaux moyen âge avec des yeux cernés
Font de sombres profils d'archanges consternés;
Mais cette lèvre rouge et ce sein qui frissonne,
Le port majestueux que la stature donne,
Ces hanches aux plis durs, ces robustes appas,
Qui vous les donnera, si vous n'en avez pas?

   Il faut avoir jauni dans un cachot bien sombre,
Où de pâles serpents se caressent dans l'ombre,
Pour bien savourer l'air et la beauté des cieux.
On se blase sur tout : sur l'azur des beaux yeux,
Sur le scribe fécond, sur le pâté d'anguille,
Sur le chant que murmure une rieuse fille;
Et toutes les beautés auxquelles nous croyons
Tombent au souffle impur des désillusions.
Le grand héros nous semble un meurtrier. Le prince
Est pour nous un flâneur venu de sa province,
Le politique, un sot raillé par le destin,
La vierge, une Isabelle agaçant Mezetin,
L'astronome savant un fou dans les étoiles,
Ce divin coloriste un barbouilleur de toiles;
Nos souvenirs aimés deviennent des fardeaux,
Et les pauvres honteux achètent des landaus.

L'espérance se fait un chagrin près d'éclore,
L'amour un impudent marché; le météore
Un lampion fumeux accroupi sur un if.
Des seins fermes et lourds, au moins, c'est positif.
   Quoique Prosper n'eût pas dans cette nuit peut-être
Connu tout le bonheur qu'il rêvait sous le hêtre,
Lorsque le blond Phœbus parut à l'horizon,
Il partit, mais laissant son cœur à la maison,
Si bien que l'on trouva sa démarche légère,
Puis il vécut ensuite au sein d'une atmosphère
De bagues en cheveux, de petits billets doux,
Éden de souvenirs, de fleurs, de rendez-vous,
Qui put, malgré l'effort de la fortune humaine,
Comme dans la chanson, durer une semaine.
Quoi, huit jours seulement! C'est bien peu, diras-tu.
Être huit jours fidèle est presque une vertu :
D'abord on a le temps d'écrire plusieurs stances
Quand on s'aime huit jours. Et puis les circonstances
Viennent souvent forcer à se quitter plus tôt
Qu'on ne veut. Le malheur est un grand paletot
Qu'endosse tour à tour chaque homme, et que sans honte
Prosper doit endosser à cet endroit du conte.
   Ce conte, pour toi seul, ami, je l'ai rimé;
Toutefois, s'il fallait qu'on le vît imprimé,
Sortant pour cette fois de la nuit protectrice,
Je m'agenouillerais aux pieds de ma lectrice,
Petits pieds que je vois, chaussés d'un clair velours,
Mollement endormis sur des coussins bien lourds;

Charmante caution pour répondre du reste.
Puis en levant les yeux, je verrais sans conteste
Un visage adorné d'un éclat non pareil,
Un front d'ivoire mat et des yeux de soleil;
Puis un hardi corsage, et, sur un flanc qui ploie,
Des cheveux soyeux, pleins de délire et de joie,
Sombres comme le noir feuillage des forêts.
Or, je crois que voici ce que je lui dirais :
O ma dame d'amour! mon amante inconnue!
A qui la Vérité parle ici toute nue,
Oh! si, réalisant tous mes rêves de fou,
Chère, vous me vouliez jeter vos bras au cou,
A l'heure où l'ombre molle endort les tubéreuses,
Et me donner huit nuits de vos nuits amoureuses,
(Éros devine alors ce que je tenterais!)
Ma dame, sur l'honneur, je m'en contenterais.

Enfin, comment cessa ce bonheur éphémère?
Cela vint de Prosper. Qui l'aurait cru? Sa mère
Mourut tout justement à cette époque-là.
Or, elle avait un frère aîné, qu'on rappela
D'exil en mil huit cent quatorze. Un gentilhomme
Très entiché des fleurs de lys, et brave comme
Bayard, au temps jadis fort bien vu de la cour.
La digne sœur et lui se chérissaient, et pour
Se réunir encor dans la main où l'on tremble
Et ne pas se quitter, ils moururent ensemble
De vieillesse. Prosper fut contraint de partir
Pour recueillir avec des sanglots de martyr

L'héritage de l'oncle, un fort bel héritage
Qui n'aurait pas tenu de Peñafiel au Tage.
Ayant enfin rempli tous les devoirs que feu
Notre oncle, s'il fut riche, impose à son neveu,
Il s'entoura d'un crêpe, et prit la malle-poste,
Rêveur comme un lépreux de la cité d'Aoste.
De plus, quand il revint, son père avait quitté
Notre monde frivole et plein d'iniquité.
Que de morts à la fois! c'est comme un mélodrame
Où les trépas fameux s'impriment à la rame,
Bel art au nom duquel d'Ennery mérita
La croix! Prosper pleura beaucoup, mais hérita.
C'est un baume aux chagrins les plus cuisants. En somme
Il eût trouvé l'auteur de ses jours un brave homme,
Si ce pauvre vieillard à ses derniers moments,
Quoiqu'il eût toujours eu les meilleurs sentiments,
Ne se fût laissé faire une bévue exquise.
Je te le donne en cent! Il fit... Judith marquise.
   Afin qu'elle eût un père avec un bel hôtel,
Un jour il la mena toute blanche à l'autel.
Quant à son jeune époux, ce fut un diplomate
Haut, sec, raide, pompeux, monté dans sa cravate,
Droit comme un lys, couvert de croix, éblouissant,
Et portant de sinople au griffon d'or yssant
Du chef; d'ailleurs sauvage, aimant la solitude,
Et voyageant toujours; mais ayant l'habitude
Mauvaise de rentrer dans sa demeure à pas
De loup, toutes les fois qu'on ne l'attendait pas.

Pour les fleurs sans parfum, le satin et le cierge,
Oublia-t-elle donc ses doux serments de vierge ?
Son cœur fut donc un gouffre où l'on pouvait plonger
Ses rêves, sans que rien ne dût y surnager ?
Peut-être. Elle ne vit dans cet épithalame
Qu'un moyen tout trouvé de jouer à la dame.
Elle eut de fins chevaux, des villas, des palais,
Du drap rouge fort cher sur les corps de valets,
Et fit merveille au bois avec ses équipages.
On prétendit alors qu'elle eut même des pages.

Aussi ne parlons pas de ces pensionnats
Où l'on a le secret de charmants incarnats
Pour se faire monter la pudeur au visage,
Lorsqu'un œil indiscret vous fixe le corsage.
Oh ! si quelqu'un lisait sous vos regards baissés
Tous les impurs désirs dont vous vous enlacez,
Courtisanes d'esprit, filles dont le corps chaste
Est comme un champ de fleurs que l'ouragan dévaste !
Pâles virginités, vertus sans lendemain,
Laissant votre dépouille aux buissons du chemin !
Écoute, le hasard, ou bien les Dieux prospères
M'ont fait vivre un instant dans un de ces repaires.
J'y cherchais un écho des chants du paradis.
N'aurais-tu pas pensé comme je pensais, dis ?
Eh bien, souvent, le soir, caché sous des charmilles,
J'ai surpris le secret de quelques blondes filles,
J'écoutais inquiet, presque comme un amant,
Et j'ai senti le rouge à ma face. Vraiment

Il se murmure là des discours dont l'exorde
Soulèverait le cœur aux danseuses de corde !
Puis, c'est là qu'on apprend le sourire qui mord
Et l'art si compliqué de mentir sans remord.
Ne crois pas que Judith fût donc embarrassée
Pour dire à son cousin qu'on l'avait tant forcée
Qu'elle n'avait pas pu refuser cet oison.
Prosper lui répliqua : Vous avez bien raison,
Et ce n'est après tout qu'une affaire de forme,
Car un époux marquis reste, pourvu qu'il dorme,
Un meuble de salon à ne pas dédaigner.
Mais un ancien amour permet d'égratigner
Le papier qu'a noirci, par un affreux mystère,
Hymen, ce dieu qui porte un habit de notaire.
 Tu sais que tous les deux aimaient à discuter,
Car nous les avons vus autrefois affronter
La nuit fraîche, sous une allée ombreuse et noire,
A l'heure douce où Puck dans le ruisseau vient boire ;
Tu sais que, tous les deux, après ces beaux discours,
Nous les avons trouvés dans des spasmes bien courts
Au fond d'un vieux jardin, sur le banc, dont la mousse
Empruntait à Phœbé sa lueur pâle et douce.
Après les pourparlers dont il s'agit ici,
Nous devons comme alors les retrouver aussi,
Non pas dans un jardin, nous sommes en décembre,
Mais au fond d'un boudoir rose et parfumé d'ambre,
Avec de gros coussins vêtus de velours verts,
Comme on aime à les voir dans le cœur des hivers ;

Boudoir fort isolé, n'ayant pour toute issue
Qu'une fenêtre haute assise sur la rue.
La Nymphe du foyer devient rouge, le thé
Par Judith elle-même est bientôt apprêté,
Puis dans les flacons d'or le vin de Syracuse
Offre aux jeunes amants une charmante excuse
De toutes les pudeurs qu'ils pourraient oublier.
Oh! quel désir aigu les vint alors lier!
Qu'ils allaient bien mourir dans ces voluptés sombres
Que l'ange de la nuit caresse de ses ombres,
Et dont ils connaissaient l'extase jusqu'au fond!
Mais voilà le mari, diplomate profond,
Qui revient tout à coup, montrant sous sa paupière
L'impassible regard du Convié de pierre.
Deux hommes sur les bras alors qu'on en veut un,
Certes, cela doit être un conflit importun,
Et l'on voudrait s'enfuir dans un autre hémisphère.
Pas de cachette, hélas! Que résoudre? Que faire?
Encore, à l'Ambigu-Comique, ce serait
Facile, on trouverait un passage secret
Dans un mur féodal. Se tuer l'un ou l'autre
Sans pouvoir seulement dire de patenôtre,
C'est un moyen fossile et maintenant honni;
D'ailleurs cela serait imité d'Antony.

Puis, Judith n'était pas de ces femmes novices
Qui prouvent leur amour avec des sacrifices,
Et qui donnent leur vie, en faisant peu de cas.
Elle jeta la lampe avec un grand fracas,

Et se mit à rugir ce cri de rage folle
Que hurle avec horreur la femme qu'on viole.
Aussitôt parut, fier comme un toréador,
Un suisse vert-lézard caparaçonné d'or,
Qui, jaloux de servir les vertus de Madame,
Pour la première fois sut dégainer sa lame.
Comme tous les chasseurs, ce fat malencontreux
Des pieds de sa maîtresse était fort amoureux ;
Ce fut donc comme un tigre altéré de carnage
Qu'il arrêta Prosper, et, contre tout usage,
Le jeta sans façon par la fenêtre, avant
De regarder au moins s'il faisait trop de vent.
Madame, quand parut son noble misanthrope,
Eut tout juste le temps de tomber en syncope,
Comme une Sémélé devant son Jupiter.
Le raide commandeur demanda de l'éther.
L'événement courut le lendemain. La presse
Pour gloser sans mesure oublia sa paresse ;
On en parla beaucoup dans les nobles faubourgs,
Et Judith fut malade au moins quinze grands jours.

 Descendons si tu veux dans la rue, où la neige
Étend sur le pavé son manteau de Norwège.
Quand le pauvre Prosper s'éveilla pâle, sans
Un souvenir, et vit s'attrouper les passants,
Il se trouva meurtri sur des angles de glace,
Où nous le laisserons sans le bouger de place,
Tel est notre caprice, encor pour quelques vers.
D'autant qu'on se fatigue à ces récits divers,

Et qu'il me faut quitter la mystique ceinture,
Car nous avons ce soir bal à la préfecture.
Déjà le Jacquemart, Quasimodo de plomb,
Vient de sonner dix coups avec beaucoup d'aplomb,
L'ancien hôtel Saincy s'entr'ouvre et s'illumine
Tandis que des beautés à la superbe mine
S'y rendent, en passant par le pompeux séjour
Né sous le consulat de monsieur de Champflour.

Faut-il continuer? Je n'en ai guère envie.
Le malheureux Prosper! comme, en pendant sa vie
A des lèvres de femme, il s'était bien trompé!
Notre terre promise est un roc escarpé :
Il ne le savait pas; mais avoir fait son rêve
D'un poëme d'amour qu'une autre main achève,
Être sorti vivant de son passé caduc,
Avoir fouillé son cœur pour en donner le suc,
Puis, amant d'une Églé, se voir trahir par elle,
C'est à se rendre ermite, ainsi que Sganarelle.

Hérodiade, svelte en ses riches habits,
Portant sur un plat d'or constellé de rubis
La tête de saint Jean-Baptiste qui ruisselle,
Nous résume très bien l'histoire universelle;
Car le sage est toujours celui qui, la voyant
Sous les tissus vermeils et roses d'Orient,
Admire ses yeux noirs et les fleurs de l'étoffe.
Mais, par Bacchus! pourquoi faire le philosophe
Au bout d'un conte bleu qui nous intéressait?
Disons ce qu'il advint de Prosper. Qui le sait?

Comme un sombre plongeur qui se confie aux lames,
Il s'engouffra vivant dans une mer de femmes,
Festonna ses rideaux d'actrices et de rats,
Et devint très couru dans les deux Opéras.
Frêles roseaux fleuris sur les pierres gothiques,
Types germains coulés dans les moules celtiques,
Bacchantes de Toscane à la parole d'or,
Pensives Lélias qui cherchaient leur Trenmor,
Elvires aux pieds fins, bijoux d'Andalousie,
Vierges à l'œil fendu sous le surmé d'Asie,
Il sut tout effeuiller en critique de goût,
Et quand il n'eut plus rien à donner, il eut tout.
Il eut, n'espère pas que je les enregistre,
Au Théâtre-Français l'amante d'un ministre,
Dont Paris en silence admirait la hauteur
Superbe. Aux environs, la femme d'un auteur
Dramatique, et Fanny, la fille aux lèvres rouges,
Dont la voix éveillait les morts, et, dans les bouges,
Éléonore, Esther, Léontine et Jenny.
Si je te disais tout, quand aurais-je fini ?
  Ce serait trop. D'autant que, grâce à ces astuces,
Il trouva des vertus et des princesses russes,
Qu'il serait dangereux de nommer pour raison
D'époux, et dont je veux respecter le blason.
D'ailleurs tout ce plaisir est rampant et livide ;
Avant de s'enivrer on voit la coupe vide,
Tandis que le vautour, le souvenir vainqueur,
Vous broie incessamment de ses griffes le cœur.

Oh! quelle chose aimée alors semblerait douce?
Le zéphyr caressant, la lumière, la mousse,
Ou le givre odorant des amandiers fleuris?
Prosper le blond rêveur n'avait trouvé de prix
A tous ces charmes nus de la jeune Nature
Que lorsque à son amie ils servaient de parure.
Tout est décoloré, discordant et fatal
A présent, tout se tait. Le ruisseau de cristal
Murmurait sur *ses* pieds délicats. Le vieux saule
Penchait de verts rameaux jusqu'à *sa* blanche épaule.
En voltigeant, la brise apportait dans *sa* voix
La chanson du vieux pâtre et l'haleine des bois.
Les fleurs? *Ils* en avaient effeuillé les corolles
Pour y lire tout bas mille promesses folles.
O souvenirs toujours adorés! Le soleil?
Que de fois, éblouis de son éclat vermeil,
Étendus sur la mousse, abrités, seuls au monde,
Ils l'avaient vu mourir dans un baiser de l'onde!
Chaque pas, chaque souffle était un souvenir
De ce bonheur enfui pour ne plus revenir:
Mais au fait, je m'arrête à faire de l'églogue,
Tandis que mon héros emplit son catalogue.
Puis-je suivre ses pas jusqu'au pays Latin
Et dire ce qu'il dut souffrir un beau matin
Pour demander du calme à la philosophie
Que démontre là-bas quelque brune Sophie?
Puis-je écrire les noms d'Annette et de Clara,
Cette autre Dolorès? Rira bien qui rira

Le dernier. La débauche à la fin vous enlace
Entre ses bras plus froids et plus durs que la glace,
Et don Juan court au gouffre entr'ouvert sous ses pas.
A propos, connais-tu, qui ne la connaît pas ?
(On la chante à présent jusque dans Pampelune)
Cette moisson de lys, blanche comme la lune,
Qu'un païen surnomma Phœbé, pour sa pâleur?
  Quelle nymphe ! souvent, par goût pour la couleur
Locale, étincelait parmi sa chevelure,
Masse de diamants d'une farouche allure,
Un croissant tout en feu, par Janisset courbé.
Prosper la posséda, cette épique Phœbé
Dont chaque nuit absorbe, au dire de la ville,
Dix hommes, vingt flacons pleins, et cinquante mille
Francs. Oui, tout cela tombe en poudre sous ses doigts
Comme un vieil oripeau décousu. Mais tu dois
En avoir entendu souvent parler : c'est elle
Qui, je ne sais pourquoi, se mit dans la cervelle
De tuer sans péril deux fats, et seulement
Pendant huit jours entiers prit chacun pour amant.
  Entre toutes, ce fut celle de ses maîtresses
Que Prosper préféra, peut-être pour les tresses
De cheveux, qui gênaient sa marche, ou les contours
De sa robe, sculptés par des ciseaux d'Amours,
Peut-être pour ses yeux ou ses faunes vieux-Sèvres,
Peut-être pour ses chats, peut-être pour ses lèvres.
Belle femme, elle était bonne fille. Il la prit
Noblement, sans façon. Puis, ils eurent l'esprit

De se quitter sitôt que le miel de la coupe
Fut au bout, estimant tous les deux qu'une troupe
De Bohêmes en sait là-dessus plus qu'un roi.
Mais s'ils se rencontraient devant le café Foy,
Ou bien s'ils étaient las de leurs plaisirs vulgaires,
Car les gens du commun ne les amusaient guères,
S'ils désiraient un soir sortir de leur milieu,
Si Prosper, en fuyant les tréteaux Richelieu,
Voulait pour se guérir voir un vrai corps de reine,
Alors ils s'en allaient ensemble. L'Hippocrène
Est un mot à côté de cette femme-là :
C'est un fait positif, qu'en ses jours de gala
D'un triste portefaix elle eût fait un poëte,
Par son étreinte morne et ses poses de tête.

La source court au fleuve, et la fange à l'égout.
Tu dois le remarquer, l'esprit et le bon goût
S'unissent d'ordinaire aux formes les plus pures.
Phœbé le prouve bien. Ni l'or, ni les guipures
Ne cachent son beau cou, mais un camellia
S'embaume à ses cheveux, et, comme Cinthia,
Cette calme Romaine, hélas! trop tard venue,
« Sa plus belle parure étant de rester nue,
Deux robes seulement forment tous ses atours,
L'une de moire blanche et l'autre de velours. »
Tout chez elle est parfait pour l'amour idolâtre.
Pas de livres, d'albums, ni de sculpture en plâtre,
Mais une Danaë peinte par Titien,
Inestimable corps qu'elle a payé du sien,

De bons divans de perse avec des cordelettes
Et de lourds oreillers, et, comme statuettes,
Deux seulement en marbre et semblant percer l'air :
Carlotta la divine, et la rieuse Ellsler ;
Du vin dans des flacons, et près des pipes d'ambre
Les verres de Bohême. Au plancher de la chambre
Pas de riches tapis d'un goût luxuriant,
Mais une fraîche natte en paille d'Orient.
   C'est là que les pieds nus, dans l'ombre accoutumée,
Prosper s'environnait d'une blanche fumée,
Et, les yeux de la reine épanouis sur lui,
Comme un autre Ænéas, racontait son ennui :
— Par Hercule ! dit-il, depuis deux ans, ma chère,
Je me gorge d'amour, d'or et de bonne chère,
Et je trouve l'or vil, et les dégoûts bien prompts.
— Si tu veux, dit Phœbé, nous nous enivrerons.
— Je me suis réveillé repu sur tant de couches,
Que ces femmes me sont insipides. Leurs bouches
Me sont froides ! Du vin ! verse tout le flacon !
S'il me fallait encor passer par un balcon,
Peut-être que ces nuits me sembleraient plus drôles ;
Mais tous ces bons époux savent si bien leurs rôles,
Que l'on entre aujourd'hui par la porte. Vraiment
On a l'air d'un laquais, et non pas d'un amant.
C'est, comme dit Pierrot, toujours la même gamme !
— Si tu veux, dit Phœbé, nous dormirons. — O femme !
Tu ne comprends donc pas que pour moi tout est mort,
Et qu'on est bien heureux, ma Blanche ! quand on dort.

Vois-tu, Dieu m'avait fait pour une seule chose,
Pour un amour d'enfant, une pauvre fleur close,
Et mon souffle s'envole à la fleur que j'aimais.
— Cueille-la, dit Phœbé. — Ne me parle jamais,
Femme, de cette enfant, car elle est morte. Approche
Ta joue. Oh! non, ta lèvre est trop froide. Une roche
Dans un gouffre, vraiment, c'est mon cœur, ô Phœbé.
— Mio, répondit-elle, il faut vous faire abbé.
 A ce mot-là, Prosper fit une cigarette.
Car pareil au bon Roi chiffonnant sa Fleurette,
Il roulait un papel, dès qu'il ne trouvait rien
A dire. Et dans le fait, c'est le suprême bien.
Oh! si dans mon réduit j'avais la douce natte
De Phœbé, ses bras blancs et sa lèvre écarlate,
Oui, cela, rien de plus, avec du tabac frais,
C'est pour le jugement que je me lèverais.
Les gens les plus heureux que notre terre porte
Sont le Turc et sa pipe accroupis sur leur porte.
Mais il faut être Turc pour prendre ce parti.
Après quelques instants, Prosper était parti
Pour suivre le torrent de ses bonnes fortunes.
Les pommes de l'Éden deviennent fort communes,
Et tous les tours d'alcôve on les a si bien lus
Que c'est tout naturel; je n'en parlerai plus.
Il faut, pour terminer dans l'irrémédiable,
Qu'enfin Polichinelle aille aux griffes du diable,
Et qu'en baissant la toile on sente le roussi.
J'ai promis à don Juan sa foudre. La voici :

Pour parler net, ce fut un être d'antithèse
Au corps pelotonné comme une chatte anglaise ;
Le visage suave et rose, mais les yeux
Cruels, et reflétant l'enfer plus que les cieux.
Sa voix était limpide et pleine d'harmonie
Comme un frémissement des lyres d'Ionie ;
Ses cheveux étaient doux, ses doigts petits et longs,
Ses pieds se meurtrissaient aux tapis des salons ;
Ajoutez un corps mince, une allure mignonne
Et des ongles rosés, vous aurez *la Madone,*
Pareille à ces beautés dont on baise la main
Respectueusement, au faubourg Saint-Germain.
Son nez grec, ses sourcils arqués, ses dents d'opale,
Tout était jeune, sauf cette lèvre fatale
Qu'un sourire funèbre éclairait. En tous temps,
Même sous les rayons du soleil de printemps,
Elle était enterrée au sein d'une fourrure
Toute blanche, et semblait mourir. Une torture
Étrange se peignait dans son œil interdit,
Et dans l'ombre elle avait ce triangle maudit
Que le doigt de Dieu trace au front des mauvais anges.
 Était-elle arrachée à ces noires phalanges
Qui tombèrent un jour de la nue aux flancs d'or?
Peut-être. Je ne sais. Mais on disait encor
Avoir su vaguement des vieillards que leurs pères
L'avaient vue autrefois en des âges prospères,
Alors qu'illuminée aux splendeurs de son nom,
La noblesse dorait les prés de Trianon,

Alors que les Iris et les belles Climènes
Jusques au madrigal se faisaient inhumaines,
Et plus tard, quand la fière et belle Talien
Marchait, tunique au vent, sans voile et sans lien.
Au fait, nous avons lu bien souvent *Le Vampire*
Du grand poëte ; eh bien, cette femme était pire
Encore, étant vampire et femme. On ne pouvait
Relever un front pur des plis de son chevet.
Or, Prosper y posa sa tête. Si l'histoire
Est fausse, je ne sais. Mais ce qui m'y fait croire,
C'est qu'en touchant Alice on sentait un frisson,
Que sa lèvre semblait froide comme un glaçon,
Et que, comme le tigre après un jour de jeûne,
Son regard aspirait ardemment le sang jeune.

Oh ! trois fois malheureux et perdu sans espoir
L'homme de cœur qui prend une femme un beau soir,
Et, laissant de côté le reste, vit en elle
Seulement, abrité du monde sous son aile !
Cette *Madone*-là savait bien son métier
De panthère lascive, et d'un bel air altier
Buvant jusqu'à la fin le sang de sa victime,
Elle se délectait de ce carnage intime.
Un jour pourtant, Prosper, qu'elle avait laissé seul,
Faute étrange ! sortit vivant de son linceul.
Tremblant, il vint s'asseoir auprès d'une fenêtre
Ouverte, dont l'air pur fit un instant renaître
Sa pensée, et bientôt, par la flamme ébloui,
Il recula de peur quand le rayon eut lui.

Car il avait senti déjà que dans son âme
Tout était consumé sous cette impure flamme,
Que de son être ancien tout était déjà mort,
Tout, l'espoir et le doute, et même le remord.
Alors il se rendit chez la Phœbé, l'ancienne
Maîtresse des trois rois couronnés, et la sienne,
Pour savoir si l'airain de ce corps indompté
Le ferait vivre encore à quelque volupté.
Belle conclusion et digne de l'exorde :
Sa lyre était aussi brisée à cette corde,
Si bien que la Phœbé dit, le bras étendu
Sur lui : Poveretto, comme on me l'a rendu !

 Là, d'un coup de sifflet, nous transportons la scène,
En dépit d'Aristote, au pays d'outre-Seine.
O mon pays Latin ! vieux pays désolé
D'où le siècle sans plume un jour s'est envolé,
Moi, le dernier de tous, je te reste, et je t'aime !
J'aime tes boulevards, verdoyant diadème,
Ton fleuve morne et sourd, et ses courants flanqués
De vieux murs de granit où s'endorment les quais ;
J'aime ta basilique en fleur, ta cathédrale,
Où sur les sombres tours, dans l'ombre sépulcrale,
Quand l'aile de la nuit nous fait un noir bandeau,
Nous voyons grimacer quelque Quasimodo.
Avant ton Panthéon, palais de gloires mortes,
J'aime ton hôpital, la maison aux deux portes :
L'une par où l'on vient, escorté de douleurs,
Jusqu'à ces lits souillés qu'on lave de ses pleurs,

Comme Jésus sa croix ; l'autre, dernier refuge
Où nous trouve la mort pour nous mener au Juge.
Et souvent je pensais, en rêvant dans ce lieu
Où se mêlent les voix des mourants et de Dieu,
Que pour ceux dont le cœur sort vierge de ses langes,
Notre calvaire touche aux demeures des anges.

Assis sur une pierre, et le front dans les mains,
Je repassais en moi tous ces rêves humains,
Je cherchais à fixer de mon esprit superbe
Le problème infini de la Chair et du Verbe ;
Je voulais commenter l'impérissable Loi,
Pauvre fou que j'étais ! et disséquer la Foi :
Connaître la liqueur en en brisant le vase !
Et la Nuit m'eût trouvé dans cette même extase
Profonde, si des voix ne m'eussent réveillé.
Alors, comme un songeur toujours émerveillé
Qui d'Ève aux doigts de lys retourne à Cidalise,
Et cherche le théâtre au sortir de l'église,
Je flânais lentement tout le long du chemin
Jusqu'à mon Odéon, ce colosse romain,
Ce vaste amphithéâtre aux moulures massives,
A l'air grave, où les voix sortent pleines et vives,
Où Shakspere et le grand Molière, ce martyr,
Semblent en nous voyant pousser un long soupir,
Temple où la Melpomène est vaste comme un monde,
Et jetait en un jour, vieille Muse féconde !
A ce monstre affamé qu'on nomme le Public,
Deux Talmas à la fois, Bocage et Frédérick !

Et, comme deux enfants qu'on flatte et qu'on câline,
La Muse les berçait sur sa large poitrine,
Et ne plia jamais, tant ses reins étaient forts !
Aux coups passionnés de leurs rudes efforts.
Oui, malgré les regards de la foule béante,
Elle ne put faiblir, la robuste géante,
Que sous les lourds baisers des éléphants-Harel.
J'ai toujours, pour ma part, trouvé surnaturel
De voir ces animaux jouer la tragédie.
C'est là ma bête noire, et ma foi, quoiqu'on die
Comme dit Trissotin, j'aime mieux Beauvallet.
D'ailleurs, tout ce qui vient d'Afrique me déplaît,
Sauf ces brunes Fellahs dont la mamelle antique
Est d'un bronze charnu qui perce une tunique.
Aussi, quand par hasard ce souvenir me vint,
Je prenais mon chapeau quatorze fois sur vingt,
Et pour le Luxembourg dédaigneux et folâtre,
Mon jardin, je quittais l'Odéon, mon théâtre.
    Dans tout ce qu'on me voit écrire en général,
Mais surtout dans les vers de ce conte moral,
J'abuse sans pudeur du mot suave : *J'aime*.
Il faudrait l'éviter par quelque stratagème.
Cependant nous voilà dans l'Éden azuré,
Mon âme, et c'est pour lui que j'en abuserai.
Car lorsque j'eus quinze ans, que mes Chimères lasses
Voulurent secouer la poussière des classes,
Rêveur et fou, j'appris chez lui mon cher métier.
Je lui ferais sans peine un livre tout entier.

J'aime son bassin vert aux cygnes blancs, ses marbres
Se détachant au loin sur le velours des arbres,
Ses coupes sur des bras d'Amours, riche travail,
Où les géraniums de pourpre et de corail
Brillent dans le soleil comme des rois barbares,
Et ses parterres gais, où, parmi les fanfares
D'un triomphe de fleurs plus charmant et plus beau
Que l'entrée à Paris de la reine Ysabeau,
Passe un zéphyr, léger comme un souffle de femme.
 O vous que j'appelais mon âme, vous, Madame,
Que je mêle toujours en mes songes flottants
A tous mes souvenirs d'aurore et de printemps,
Vous le rappelez-vous, lorsque le soir flamboie,
Ce vieux jardin riant, plein d'ombre et plein de joie ?
Ce fut là le berceau de nos jeunes amours.
C'est là qu'au mois de mai vous alliez tous les jours,
Une fleur à la main, vous asseoir la première
Sur la terrasse, près du vieux balcon de pierre.
Et lorsque j'arrivais aussi, par un hasard
Si bien prévu la veille, alors votre regard
Me querellait au loin d'une moue enfantine.
Moi, portant sur mon front des rougeurs d'églantine,
Je venais saluer votre mère, et souvent
Elle me retenait à ses côtés. Savant
Bachelier, délaissant les codes pour les odes,
Je pouvais au besoin causer parure ou modes,
Et, près d'un vieux parent arrivé du Congo,
Faire des calembours contre Victor Hugo.

Mais si pour un instant nos mères enjôlées
Me laissaient votre bras dans les longues allées,
Oh ! comme tous les deux, en nous serrant la main,
Nous prenions du bonheur jusques au lendemain !
Hélas ! où s'envola cette rapide ivresse ?
Maintenant, chaque été, la brise vous caresse
Dans un vague séjour d'eaux quelconques, et moi
Je me suis fait mener, je ne sais trop pourquoi,
Au fond d'une province où des Nemrods sauvages
Dévorent, sans que rien puisse apaiser leurs rages,
Comme au temps où, quenouille en main, Berthe filait,
Des brochets monstrueux et des cochons de lait.
Or, fussé-je au Moultan, ou bien chez les Tungouses,
Au Kiatchta, pays des amantes jalouses,
Ou chez les Beloutchis, ou chez les Hottentots,
Vierges de toute presse et de tous paletots,
Mon cœur s'envolerait à ce riant ombrage
Où nous étions si fous. Pourquoi devient-on sage !

Vous savez comme l'herbe était verte ! Au bassin
Comme nous admirions en leur calme dessin
Les beaux petits Amours aux gracieuses poses,
Et comme chaque brise était pleine de roses !
Oh ! lorsque aux bords aimés l'ancre à la forte dent
Mordra, si je reviens entier, sans accident,
Du char jaune-serin des postillons hilares,
C'est dans ce quartier-là que dormiront mes Lares.
Ce sera pour toujours alors, jusqu'au cercueil.
Car, sinon la Fortune assise sur le seuil,

Je trouverai du moins ma chère solitude,
Si douce pour l'amour, et douce pour l'étude.
Loin du fracas bourgeois de leur nouveau Paris,
Je lirai près du feu mes poëtes chéris;
Je tâcherai surtout, sans être aristocrate,
De choisir mes amis comme faisait Socrate,
Écoutant auprès d'eux s'enfuir l'heure et, les soirs,
Allant rendre visite à mes monuments noirs.
J'entendrai sous le vent crier leurs girouettes,
Je verrai devant moi leurs longues silhouettes
Découper leur contour dans un ciel sombre et pur
Et jeter lentement leur ombre sur le mur.
Près de ces grands hôtels au style large et vaste,
Palais cyclopéens que le temps seul dévaste,
Je trouverai toujours mon banc presque détruit
Où l'on écoute en paix l'haleine de la Nuit.
   Là montent librement la pleine consonnance
Du bruit harmonieux que produit le silence
Et le parfum léger des folles nappes d'air.
Puis, lorsque du sein glauque où le tenait la Mer
S'élance l'astre blond, et qu'aux jeunes nuées
Il met des corsets d'or comme aux prostituées,
La cité des vieux noms s'embrase, et son réveil
Met dans les arbres noirs des éclairs d'or vermeil.
Seulement à son front plus d'un noble édifice
A, comme un nid d'oiseaux que le lierre tapisse,
Une pauvre mansarde amante de rayons,
Qui s'ouvre de bonne heure à cent illusions.

Là, quelque étudiant, sans crainte et sans envie,
Écoute frissonner le flot noir de la vie
Et jette l'avenir aux chances du destin.
Pauvres petits palais de ce pays Latin
Si dédaigneusement jeté sur une rive,
Quand on vous a quittés tout jeune, et qu'on arrive
Tout pâle à votre seuil, le cœur bat vite, allez !

Or, retrouvant par là tous ses jours envolés,
Notre héros tremblait comme un soir de décembre,
Car il tournait la clef de la petite chambre
Où s'étaient écoulés ses beaux jours. Si hardi
Qu'il fût, son front devint pâle, et, tout étourdi,
Il alla s'appuyer contre un mur. Sa mémoire
Pleurait en s'éveillant, et ses rêves de gloire
Venaient, spectres hagards, passer devant ses yeux.
Il les avait quittés si jeune ! lui si vieux
Maintenant, pour jeter aux caprices d'une onde
Perfide, ses trésors, et demander au monde
Une place au festin du bonheur inconnu !
Tu sais, mon pauvre Armand, comme il est revenu.
Bien des flots ont meurtri son front. Bien des tourmentes
Ont fait craquer son verre aux dents de ses amantes ;
L'implacable vautour de la Vie a rongé
Son cœur. Pourtant rien n'est absent, rien n'est changé
Dans la chambre : l'étoffe illustre des vieux âges,
Les meubles vermoulus et les vieilles images
Sont là : maître Wolframb, Hamlet dans son manteau
Noir, les Amaryllis mourantes de Wateau,

Sur le bahut sculpté la grande Vénus grecque,
Et les in-folios dans la bibliothèque.
 Dire ce qu'éprouva notre Prosper auprès
De tous ces chers bijoux d'enfant, je ne pourrais;
Surtout lorsqu'il trouva, portant les folles traces
Des anciens jours vécus, ses vieilles paperasses.
Car toute sa jeunesse au riant souvenir
Était dans ces feuillets épars, et revenir
En arrière, c'est vivre une autre fois. La folle
Du logis s'éveillait, et sa blonde parole
Semblait douce à l'enfant comme un zéphyr de mai.
Alors, comme autrefois le héros, enfermé
Près des vierges, frémit au son rauque des armes,
Prosper, sorti plus grand d'un baptême de larmes,
Vers l'azur idéal retrouva son chemin.
Le poëme qu'il fit, tu le liras demain.
Tu verras si toujours intrépide, il s'honore
D'enchanter l'air qui passe avec un mot sonore;
Tu sauras si le gouffre où ce cœur est tombé
Profondément, au point d'émouvoir la Phœbé,
A laissé surnager quelques flots d'ambroisie,
Car, en somme, il en faut pour toute poésie
Comme pour tout amour. Quelquefois on écrit,
C'est au mieux, que la forme a sauvé son esprit,
Et que, la rime aidant, la Vénus Callipyge,
A mis sa lèvre chaude à ce sang qui se fige.
 D'autres disent tout bas qu'à ses mille revers
Il ajoute celui de se tromper en vers,

Que, sentant son cœur vide et faux, il se décide
A chercher lentement le plus noir suicide;
Que lui qui fut épris du rose, il l'est du noir,
Et qu'en son invincible et profond désespoir,
O don Juan ! d'avoir mal continué ta liste,
Ce Pindare vaincu se fait vaudevilliste.

Mai 1841.

LIVRE DEUXIÈME

Amours d'Élise

FEUILLETS DÉTACHÉS

> Est-ce toy, chere Élife?
> RACINE, *Esther*.

I

C'est là qu'elle priait. Là, sur ces blanches dalles
Où je foule à mes pieds des tombes féodales.
Vaguement enivré de la pompe des soirs,
D'orgues, de chants divins, d'étoffes, d'encensoirs
Et de beaux corps de femme à genoux sur la pierre,
Je ne regardais qu'elle et sa blonde paupière,
Et lorsqu'elle partit, maîtresse de mon cœur,
Il me sembla d'abord que du milieu du chœur
Un ange de sculpture aux formes immortelles
Se levait, pâle et triste, en déployant ses ailes!

II

D'où vient-il, ce lointain frisson d'épithalame ?
Quels cieux ont déroulé leurs nappes de saphir ?
Quel espoir inconnu m'anime ? Quel zéphyr
A jeté dans ma vie errante un nom de femme ?

Quel oiseau près de moi chante sa folle gamme ?
Quel éblouissement s'enfuit, pour me ravir,
Comme le corail rose ou la perle d'Ophir
Que poursuit le plongeur bercé par une lame ?

En vain de ma pensée effarouchant l'essor,
Je veux loin de vos yeux pleins d'étincelles d'or
L'entraîner, sur vos pas la rêveuse s'envole,

Et, pour que mon tourment renaisse, ardent phénix,
J'emporte dans mon cœur votre chère parole,
Comme un parfum subtil dans un vase d'onyx.

III

Oui, mon cœur et ma vie !
 Et je sais bien,
O chère inassouvie,
 Que ce n'est rien !

Ah ! si j'étais la rose
 Que le soir brun
En souriant arrose
 D'un doux parfum ;

Si j'étais le bois sombre
 Qui sur les champs
Jette au loin sa grande ombre
 Et ses doux chants,

Ou l'onde triomphale
 D'où le soleil
Sur son beau char d'opale
 S'enfuit vermeil ;

Si j'étais la pervenche
 Ou les roseaux,
Ou le lac, ou la branche
 Pleine d'oiseaux,

Ou l'étoile qui marche
 Dans un ciel pur,
Ou le vieux pont d'une arche
 Au profil dur ;

Si j'étais la voix pleine,
 La voix des cors,
Qui fait bondir la plaine
 A ses accords,

Ou la Nymphe du saule
 Au sein nerveux
Qui met sur son épaule
 Ses longs cheveux ;

A vous, ô charmeresse
 Pleine d'attraits,
Élise, à vous, sans cesse
 Je donnerais

Ma voix, ma fleur, mon ombre
 Douce à chacun,
Mes chants, mes bruits sans nombre
 Et mon parfum,

Et tout ce qui vous fête
 Comme une sœur.
Mais je suis un poëte
 Plein de douceur,

Qui ne sait que bruire
 A tous les bruits,
Faire vibrer sa lyre
 Au vent des nuits,

Ou, quand le jour se lève
 Tout azuré,
S'envoler dans un rêve
 Démesuré.

Donc, je vous ai servie,
 Heureux encor
De vous donner ma vie,
 Cette fleur d'or

Que tourmente et caresse
 Dans un rayon
La frivole déesse
 Illusion;

Mon esprit, qui s'enivre
 De vos clartés,
Et qui ne veut plus vivre
 Quand vous partez;

Et tout ce que je souffre
Si loin du jour,
Et mon âme, ce gouffre
Empli d'amour !

IV

O mon âme, ma voix pensive,
O mon trésor échevelé,
Mon myosotis de la rive,
Mon astre, mon rêve étoilé !

Mon amour, ma blanche sirène,
Calice d'argent où je bois,
O ma jeune esclave, ô ma reine,
Mon poëme à la douce voix !

Pourquoi, mon bel ange sans aile,
Folle enfant qui me caressez,
Pourquoi donc êtes-vous si belle
Avec vos longs cheveux tressés ?

Oh ! quand dans nos lointaines courses,
Sous l'abri des feuillages verts
Nous allons cueillir près des sources
Des pâquerettes et des vers,

Pourquoi le ciel bleu sur nos têtes
Met-il son manteau de saphir,
Et pourquoi la campagne en fêtes
Rit-elle au souffle du zéphyr?

Pourquoi dans la petite chambre,
Lorsque tout bruit lointain se fond,
L'air est-il comme imprégné d'ambre,
L'eau pure, le divan profond?

Enfant, sais-tu quelle puissance
Nous enveloppe d'un regard,
Et quels mots, de leur ciel immense,
Nous disent la Nature et l'Art?

La Nature nous dit : Poëtes,
A vous mes ruisseaux et mes prés,
A vous mon ciel bleu sur vos têtes,
A vous mes jardins diaprés!

A vous mes suaves murmures
Et mes riches illusions,
Mes épis, mes vendanges mûres
Et mes couronnes de rayons!

L'Art nous dit : A vous mes richesses,
Mes symboles, mes libertés,
Mes bijoux faits pour les duchesses,
Mes cratères aux flancs sculptés!

A vous mes étoffes de soie,
A vous mon luxe armorial
Et ma lumière qui flamboie
Comme un palais impérial !

A vous mes splendides trophées,
Mes Ovides, mes Camoëns,
Mes Glucks, mes Mozarts, mes Orphées,
Mes Cimarosas, mes Rubens !

Eh bien ! oui, l'Art et la Nature
Ont dit vrai tous les deux. A nous
La source murmurante et pure
Qui me voit baiser tes genoux !

A nous les étoffes soyeuses,
A nous tout l'azur du blason,
A nous les coupes glorieuses
Où l'on sent mourir la raison ;

A nous les horizons sans voiles,
A nous l'éclat bruyant du jour,
A nous les nuits pleines d'étoiles,
A nous les nuits pleines d'amour !

A nous le zéphyr dans la plaine,
A nous la brise sur les monts
Et tout ce dont la vie est pleine,
Et les cieux puisque nous aimons !

V

Le zéphyr à la douce haleine
Entr'ouvre la rose des bois,
Et sur les monts et dans la plaine
Il féconde tout à la fois.

Le lys et la rouge verveine
S'échappent fleuris de ses doigts,
Tout s'enivre à sa coupe pleine
Et chacun tressaille à sa voix.

Mais il est une frêle plante
Qui se retire et fuit, tremblante,
Le baiser qui va la meurtrir.

Or, je sais des âmes plaintives
Qui sont comme les sensitives
Et que le bonheur fait mourir.

VI

Tout vous adore, ô mon Élise,
Et quand vous priez à l'église,
Votre figure idéalise
Jusqu'à la maison du bon Dieu.
Votre corps charmant qui se ploie
Est comme un cantique de joie,
Et, frémissant d'amour, envoie
Son parfum de femme au saint lieu.

Votre missel a sur ses pages
Bien des gracieuses images,
Bien des ornements d'or, ouvrages
D'un grand mosaïste inconnu ;
Et fier de vous faire une chaîne,
Votre chapelet noir qui traîne
Redit son madrigal d'ébène
Aux blancheurs de votre bras nu.

Comme un troupeau leste et vorace,
On voit s'élancer sur la trace
De vos chevaux de noble race
Mille amants, le cœur aux abois ;
Derrière vous marche la foule,
Mugissante comme la houle,
Et dont le chuchotement roule
A travers les détours du bois.

Vous avez de tremblantes gazes,
Des diamants et des topazes
A replonger dans leurs extases
Les Aladins expatriés,
Et des cercles de blonds Clitandres
Dont le cœur brûlant sous les cendres
Vous redit en fadaises tendres
Des souffrances dont vous riez.

Vous avez de blondes servantes
Aux larges prunelles ardentes,
Aux chevelures débordantes
Pour essuyer vos blanches mains ;
Vous portez les bonheurs en gerbe,
Et sous votre talon superbe
Mille fleurs s'éveillent dans l'herbe
Afin d'embaumer vos chemins.

Moi, je suis un jeune poëte
Dont la rêverie inquiète
N'a jamais connu d'autre fête
Que l'azur et le lys en fleur.
Je n'ai pour trésor que ma plume
Et ce cœur broyé, qui s'allume,
Comme le fer rouge à l'enclume,
Sous le lourd marteau du malheur.

Mon âme était comme cette onde
Pleine d'amertume, qui gronde
En son délire, et dont la sonde
N'a jamais pu trouver le fond ;
Comme ce flot qu'un sable aride
Absorbe de sa bouche avide,
Et qui cherche à combler le vide
D'un abîme vaste et profond.

Et pourtant vous, type suprême,
Vous m'avez dit tout haut : Je t'aime !
Vous m'avez couché morne et blême
Sur un beau lit de volupté ;
Vous avez rafraîchi ma lèvre,
Encor toute chaude de fièvre,
Dans le doux vin pour qui l'orfèvre
Poétise un cachot sculpté.

Dans vos colères de tigresse,
Vous m'avez fait des nuits d'ivresse
Où le plaisir, sous la caresse,
Pleure le râle de la mort,
Où toute pudeur se profane,
Où l'ange le plus diaphane
Se fait bacchante et courtisane
Et grince des dents, et vous mord !

Puis vous m'avez dit à l'oreille
Quelque étincelante merveille
Dont la mélancolie éveille
Les fibres de l'être endormi ;
Vous aviez la pudeur craintive
De la mourante sensitive.
Qui renferme son cœur, plaintive
De n'être morte qu'à demi.

Et le doute railleur m'assiège
Lorsque, pris dans un divin piège,
Mon cou plus pâle que la neige
Est par vos bras blancs enlacé.
J'ai peur que le riant mensonge
Du lac d'azur où je me plonge
Ne soit l'illusion d'un songe
Qui tenaille mon front glacé.

Or, dites-moi, rêve céleste,
Pour que votre belle âme reste
En proie à mon amour funeste,
Les crimes que vous expiez ?
Parlez-moi, pour que je devine
De quel feu bout votre poitrine,
Et quelle colère divine
Vous met pantelante à mes pieds ?

Avez-vous surpris chez les anges
Le secret des strophes étranges
Qu'ils murmurent, quand leurs phalanges
S'envolent dans les airs subtils ?
Au Vatican, sur une toile,
Avez-vous dérobé l'étoile
Qu'une sainte paupière voile
Avec un réseau de longs cils ?

O vous que la lumière adore,
De quel astre et de quelle aurore
Venez-vous, radieuse encore ?
Je ne sais ; en vain, ce trompeur,
L'espoir, me caresse et me blâme ;
Je ne sais quel souffle en votre âme
Alluma cette mer de flamme,
O jeune déesse, et j'ai peur.

VII

Le soleil souriait à la jeune nature,
 L'hiver avait séché ses pleurs,
Et la brise entr'ouvrait de son haleine pure
 L'humide corolle des fleurs.

Le saule aux rameaux verts penchait sa rêverie
 Sur les flots au reflet doré ;
Le ruisseau murmurant dans la verte prairie
 Souriait au ciel azuré.

Or, nous étions tous deux sous les tremblantes roses
 Qu'épanouissait le printemps,
Si que sans y penser nos amours sont écloses,
 Comme elles, presque en même temps.

Le rossignol disait sa plainte enchanteresse,
 Nous disions des serments jaloux ;
Et tout en nous était joie, extase, tendresse...
 Hélas! vous le rappelez-vous ?

L'arbre pensif s'incline encor, l'insecte rôde,
  L'églantier semble rajeunir,
Le vent a son parfum, l'herbe son émeraude ;
  Notre amour est un souvenir !

De mai à juillet 1839.

Phyllis

ÉGLOGUE

> Phyllida amo ante alias.
> VIRGILE, *Églogue III.*

DAPHNIS, DAMÈTE, PALÆMON

Daphnis.

TANDIS que mollement étendu sous les chênes
Tu t'endors aux doux bruits des cascades prochaines,
Dis, as-tu vu s'enfuir ma rieuse Phyllis,
Souple comme le lierre et blanche comme un lys?

Damète.

Je ne sais. Il se peut que sa tunique ouverte
Ait sous ses pas légers effleuré l'herbe verte,
Mais je ne l'ai pas vue, et je n'écoute pas
Le chant d'une bergère ou le bruit de ses pas.

Daphnis.

Quel rêve ambitieux te poursuit, ô Damète !
Et verse des poisons dans ton âme inquiète ?
Pourquoi ne plus unir nos deux pipeaux, formés
De sept roseaux divers sous la cire enfermés ?

Damète.

Parce que l'aigle altier ne rase pas la terre,
Que dans le nectar seul un dieu se désaltère,
Et que, comme Phyllis et la nymphe des bois,
Je puis chanter les Dieux sur la lyre à dix voix.

Daphnis.

Cet orgueil ne convient qu'aux poëtes des villes.
Pan ne dédaigne pas les Muses les plus viles,
Et, berger comme nous, aime de simples chants.

Damète.

Que m'importent les vers qu'il faut aux dieux des champs ?
Il en est de plus hauts dont la troupe choisie
Sur l'Olympe neigeux s'enivre d'ambroisie.

Daphnis.

Pâris, l'enfant royal dont la voix décida
Entre les trois splendeurs au sommet de l'Ida,
Chantait près du troupeau qui lui donnait sa laine.

Damète.

Ambitieux déjà de la couche d'Hélène,
Et dans ses chastes nuits s'abimant à songer,
Son cœur de roi battait sous l'habit du berger!

Daphnis.

Quelle reine, ô Pâris! va devenir ta proie,
Et faire de nos champs une nouvelle Troie?

Damète.

Quelle nymphe, aveuglée en son amour fatal,
Ouvrira sous tes pas son palais de cristal?

Daphnis.

J'ai du moins le secret de leur chant doux et tendre.

Damète.

Va, rustique pasteur, tu ne peux me comprendre.
Écoute. Un jour, poussé par cette voix des Dieux
Qui conduisit jadis nos héros glorieux,
J'ai quitté nos troupeaux, nos prés, nos champs fertiles,
Pour ce souffle brûlant qui consume les villes.
J'ai vu Rome aux sept monts, la ville des Césars,
Avec ses palais d'or, avec ses bruits de chars,
Ses temples, ses tombeaux, son fleuve, ses arènes,
Et ses reines d'amour plus belles que les reines;
Et la grande cité d'esclaves et de rois
Avec ses chants divins a fécondé ma voix!

Daphnis.

Malgré cette fierté dont ton âme est si vaine
Et le sang orgueilleux qui coule dans ta veine,
J'ose te provoquer à la lutte des vers
Au bruit de ce torrent et sous ces arbres verts.
Invoque, si tu veux, les neuf Sœurs du Permesse,
Consacre-leur tes chants et crois à leur promesse ;
Pour moi, j'appellerai la Nymphe au bras nerveux,
Qui près du fleuve aimé tresse ses longs cheveux,
La Naïade qui dort dans son lit de porphyre,
Et celle qui palpite au baiser de Zéphyre !

Damète.

Offres-tu quelque gage ou quelque riche don ?

Daphnis.

Cette coupe de hêtre où l'art d'Alcimédon
Sut courber sur les bords, par un savoir insigne,
Le lierre pâlissant et l'amoureuse vigne.

Damète.

Et moi, cette houlette où son art souverain
Autour des nœuds égaux a fait courir l'airain.

Daphnis.

Je vois venir ici Palæmon le vieux pâtre,
Que le dieu Pan lui-même et la nymphe folâtre
Instruisirent jadis à leur métier divin,
Palæmon le bon juge et le sage devin.

Damète.

Viens. Décide entre nous. Il s'agit d'un prix digne
Des Amours de Sicile et du dieu de la vigne.
De tous ceux qu'a chéris l'harmonieux démon,
Tu restes le meilleur, ô sage Palæmon !

Palæmon.

Tandis que mollement reposés sur cette herbe,
Le chêne étend sur nous son ombrage superbe,
Disputez les présents que vous vous destinez,
Car la Muse se plaît à ces chants alternés.
Vos dociles troupeaux, que le mien accompagne,
Déchirent au hasard, dans la verte campagne,
Les cytises fleuris et les saules amers ;
Un parfum de printemps enveloppe les airs ;
Pour écouter vos chants, les Naïades craintives
Montrent leurs blonds cheveux sur le sable des rives,
La Nymphe écarte au loin les branches des ormeaux,
Et la jeune Dryade agite ses rameaux.

Damète.

Commençons par chanter les neuf Sœurs dont la lyre
Assoupit l'Olmius dans un vague délire,
Et Vénus Astarté, mère de tout amour !

Daphnis.

Phœbus le dieu pasteur, Phœbus le dieu du jour
Par son regard doré m'inspire une hymne sainte,
Et je tresse pour lui la palme et l'hyacinthe.

Damète.

Cypris, fille des flots, ton culte me lia
A ta plus belle enfant, la jeune Délia,
Dont le palais splendide est fait d'or et de marbres.

Daphnis.

J'ai souvent poursuivi, le soir, sous les grands arbres,
Phyllis, rieuse enfant, Phyllis aux blonds cheveux,
Qui souriait à tous et riait de mes vœux.

Damète.

Dieu qui peux du Pactole enrichir l'Hippocrène,
Donne-moi des trésors pour acheter ma reine !
Le jour à tes autels me verra le premier.

Daphnis.

J'ai découvert au bois le nid d'un blanc ramier
Que je garde à Phyllis, dont les pieds sont des ailes
Et dont le sein est blanc comme les tourterelles !

Damète.

Heureux qui, s'enivrant de nectar, peut sentir
Battre des seins aimés sous la pourpre de Tyr !

Daphnis.

Heureux qui, rappelant le poëte champêtre,
Ne verse qu'un lait pur dans sa coupe de hêtre !

Damète.

Quand je vis Délia pour la première fois,
Elle avait sur le Tibre un cortège de rois,
On délaissait pour elle Aglaé de Phalère,
Et ses rameurs portaient la pourpre consulaire !

Daphnis.

Quand j'aperçus Phyllis, elle cueillait ces fleurs
Que la Nuit, en fuyant, arrose de ses pleurs ;
C'était près du ruisseau, sous l'ombrage des saules.
Ses cheveux déroulés inondaient ses épaules.

Damète.

Écho suivait de loin les lyres à dix voix.

Daphnis.

La brise et les oiseaux se parlaient dans les bois.

Damète.

Hélas ! comment trouver le bonheur que j'espère ?
J'ai vendu l'héritage et le champ de mon père,
J'ai possédé trois jours la jeune Délia,
Qui trois jours m'endormit près d'elle, et m'oublia.

Daphnis.

Phyllis sera bientôt mon épouse chérie,
Reine dans ma chaumière, et nymphe en ma prairie,
De son sourire d'or éclairant mon verger,
Et redira tout bas les chants de son berger.

Damète.

Et moi, je pense encore à l'esclave romaine
Qui m'a bercé trois jours dans sa couche inhumaine.

Daphnis.

Phyllis se sent émue à mes tendres accords
Et des frissons divins enveloppent son corps.

Damète.

Mais Délia, qui montre un ciel dans ses prunelles,
Est comme les Vénus aux blancheurs éternelles.

Daphnis.

Gazons touffus! ruisseaux murmurants! Bois épais!
Il vivra doucement dans la tranquille paix,
Celui qui, loin du faste et des riches portiques,
Ne parle de bonheur qu'à ses Dieux domestiques.

Damète.

Heureux l'audacieux qui dans un songe vain,
Comme Ixion, caresse un fantôme divin!

Palæmon.

Fermez l'arène, enfants. Sur l'azur de ses voiles
Jetant de chastes lys et des milliers d'étoiles,
Voici la douce Nuit qui vient, et sans effort
Sous le baiser du soir la Nature s'endort.

La Nature pâmée est plus jeune et plus belle
Que la Vénus de marbre et la nymphe d'Apelle :
A toi donc, ô Daphnis ! la victoire et le prix
Du combat que tous deux vous avez entrepris.
Car si belle que soit une Anadyomène
Sortie en marbre blanc des mains de Cléomène,
Mieux vaut la chaste enfant dont l'œil sourit au jour,
Dont le sein est de chair, et palpite d'amour !

Juillet 1842.

Songe d'Hiver

> A sad tale's best for winter;
> I have one of spirits and goblins.
> SHAKSPERE, *Winter's tale.*
> Act. II, scène 1.

I

Dans nos longs soirs d'hiver, où, chez le bon Armand,
Dans notre far-niente adorable et charmant
    On oubliait le monde aride,
Vous demandiez pourquoi sur mon front fatigué,
Au milieu des éclats du rire le plus gai
    Grimaçait toujours une ride.

    Et moi, j'étais plus triste encor
    Lorsque, comme en un fleuve d'or,
    Je remontais dans ma mémoire,
    Et que d'un regard triomphant
    Je revoyais mes jours d'enfant
    Couler d'émeraude et de moire,

Puis engouffrer leurs tristes flots
Au fond d'une mer sombre et noire
Avec des bruits et des sanglots.

Et je me rappelais cette époque oubliée
Où l'âme d'une femme, à mon âme liée,
L'avait brisée avec si peu,
Et cette nuit d'angoisse, effarée et vivante,
Où sur ma couche, avec des sanglots d'épouvante,
Je pleurais en suppliant Dieu !

Oh ! disais-je alors, quoi ! la bouche
Qui vous caresse et qui vous touche
Avec un délire inouï,
La main frémissante qui presse
Les vôtres, les soupirs, l'ivresse,
Les yeux éteints qui disent Oui,
Tout cela, ce n'est qu'un mensonge,
Ce n'est qu'un songe évanoui
Qui passe comme un autre songe !

Quoi ! lorsque je mourrai dans un délire fou,
Peut-être qu'un autre homme embrassera son cou
Malgré ses refus hypocrites,
Et quand, se souvenant, mon âme gémira,
Dans un spasme semblable elle lui redira
Les choses qu'elle m'avait dites !

Et sous cet ardent souvenir
Du temps qui ne peut revenir
Et dont un seul instant vous sèvre,
Je me débattais dans la nuit
Comme sous un spectre qu'on fuit
Dans les visions de la fièvre ;
Puis je m'endormis, terrassé,
Le sein nu, l'écume à la lèvre,
Les yeux brûlants, le front glacé.

Quand je rouvris les yeux, ô visions étranges !
Je vis auprès de moi deux femmes ou deux anges
Avec de splendides habits,
Toutes les deux montrant des beautés plus qu'humaines
Et laissant ondoyer leurs tuniques romaines
Sur des cothurnes de rubis.

L'une, aux cheveux roulés en onde,
Étalait haut sa tête blonde
Sur les lignes d'un cou nerveux ;
Ardente comme un vent d'orage,
Quand son front commandait l'hommage,
Sa lèvre commandait les vœux ;
L'autre, plus blanche que l'opale,
Sous le manteau de ses cheveux
Voilait une beauté fatale.

Et comme j'admirais en moi ces traits si beaux,
Comme dans leurs linceuls les marbres des tombeaux
    Qu'on aime et devant qui l'on tremble,
Toutes deux, entr'ouvrant leurs lèvres à la fois,
Déployèrent dans l'ombre une splendide voix
    Et tout bas me dirent ensemble :

    Quoi ! parce qu'à ton premier jour
    Un désenchantement d'amour
    A secoué sur toi son ombre,
    Tu te laisses ensevelir
    Dans cet ennui qui fait pâlir
    Ton front sous une douleur sombre !
    Viens avec moi, viens avec nous !
    Nous avons des plaisirs sans nombre
    Que nous mettrons à tes genoux !

— Oh ! s'il en est ainsi, si vous m'aimez, leur dis-je,
Si vous pouvez encor pour moi faire un prodige,
    Rappelez l'amour oublieux !
Mais voici que la femme à blonde chevelure
M'entoura de ses bras, et, belle de luxure,
    Mit ses yeux brûlants dans mes yeux.

II

Viens à moi, dit-elle,
Oh! viens sur mon aile,
Dans un pays d'or
Qu'un nectar arrose,
Où tout est fleur rose,
Joie, amour éclose,
Plaisir ou trésor!

Mes sujets par troupes
Dans le fond des coupes
Aspirent l'oubli!
Là jamais de nue,
D'amour contenue,
De foi méconnue
Ou de front pâli!

Jamais dans la salle
Belle et colossale
De lustres éteints,

Car dans nos demeures,
Tandis que tu pleures,
Les jours et les heures
Sont tout aux festins !

Une longue danse
Entoure en cadence
L'éternel repas.
La danseuse penche
Doucement sa hanche,
Et sa robe blanche
S'ouvre à chaque pas !

Les foules ravies
Aux tables servies
Des plus riches mets,
Parmi la paresse
Où l'amour les presse,
Goûtent une ivresse
Qui ne meurt jamais !

Un harem frivole
Dont le chant s'envole
Jusqu'au ciel riant,
Pour sa grande orgie
Hurlante et rougie
A la Géorgie
Et tout l'Orient !

Quitte, ô blond poëte,
La couche défaite,
Ce livre connu,
Et viens dans la plaine
Où sous ton haleine
Chaque Madeleine
Mettra son sein nu !

Oh ! si l'espérance
Malgré ta souffrance
Te sourit encor,
Va ! laisse pour elle
Ta folle querelle,
Et viens sur mon aile
Dans un pays d'or !

III

Et je restais muet. Alors la femme pâle,
Avec un long sanglot douloureux comme un râle,
Frissonna tristement dans un horrible émoi,
Prit ma main dans la sienne et cria : C'est à moi !

IV

Oh ! ne l'écoute pas, viens à moi, me dit-elle,
Pour t'emporter ce soir j'ai veillé bien des jours ;
Vois, mon cœur ne bat plus, ma joue en pleurs ruisselle,
Mes cheveux déroulés m'inondent ; je suis celle
    Dont les bras s'ouvrent pour toujours !

Mon amour éternel est chaste, calme et tendre ;
Loin du monde aux longs bruits tristes comme un tocsin,
Dans mon beau lit de marbre, où tu pourras t'étendre,
Tu dormiras longtemps sans jamais rien entendre,
    La tête appuyée à mon sein.

De légères Willis aux tuniques flottantes
Feront en se jouant notre lit tous les soirs ;
Malgré nos lourds rideaux sur nos chairs palpitantes,
Souvent nous sentirons s'envoler vers nos tentes
    Un parfum lointain d'encensoirs.

Nous entendrons, parmi nos plaisirs sans mélanges,
Des chants mystérieux et plus doux que le miel,
Si bien qu'on ne sait pas, tant ces voix sont étranges,
Si ce sont des voix d'homme ou bien des lyres d'anges,
    Des chants de la terre ou du ciel.

De même, quelquefois, au-dessus de nos têtes,
Nous entendrons aussi frémir des vents glacés,
Des zéphyrs ondoyants ou d'ardentes tempêtes
Portant des mots de haine ou des chansons de fêtes,
    Et nous nous dirons, enlacés :

Qu'importent maintenant à notre âme cachée
Ces flots tumultueux qui changent si souvent?
Le bonheur, c'est la nuit, la feuille desséchée,
La Paresse aux pieds nus, nonchalamment couchée
    Loin des bruits du monde vivant.

Qu'importent maintenant, lorsque tout dégénère,
Ces hommes de là-bas à cent choses liés,
Qui, ravivant en eux la plaie originaire,
Pour atteindre dans l'ombre un but imaginaire
    Heurtent leurs pas multipliés ?

Les uns, jeunes enfants dont la cohorte arrive
Au banquet somptueux qui caresse leur faim,
Sous les lustres dorés et la lumière vive
Disent des chœurs joyeux, dont plus d'un gai convive
    Ne pourra pas chanter la fin.

Les autres, gens élus que la foule environne,
Redisent un poëme adorable ou fatal,
Mais ces fous, qu'un matin la Jeunesse couronne,
Tombent, ivres encor, du balcon de Vérone,
    Sur le grabat d'un hôpital.

Et puis c'est une vierge à la candeur étrange
Dont les Nuits ont rêvé l'amour délicieux,
Mais dont le Ciel avare a voulu faire un ange.
Ce sont mille splendeurs éteintes dans la fange
    En rêvant la clarté des cieux !

Luths brisés, chants éteints, glaives qui se provoquent,
Tourbillons palpitants, inquiets, alarmés,
Chœurs aux voiles d'azur que les haines suffoquent ;
Ce sont des yeux, des voix, des mains qui s'entre-choquent,
    Comme des bataillons armés !

Tandis que nous aurons une nuit éternelle
Que jusqu'au bout des temps rien ne pourra briser !
Oh ! viens ! mes bras sont nus, ma paupière étincelle,
Mon cœur s'ouvre à jamais, et pourtant je suis celle
    Qui ne donne qu'un seul baiser !

V

Et cette femme pâle, et cette femme blonde,
Chacune autour de moi s'enroulant comme une onde,
Me redisaient : A qui ton amour hasardeux ?
Mais une voix cria : Vous mentez toutes deux !

VI

Et près de moi je vis luire
L'inimitable sourire
D'une vierge au front charmant,
Qui portait, nymphe thébaine,
Une lyre au flanc d'ébène,
Et dont, je ne sais comment,
Le regard et la voix fière
Avaient un rayonnement
De parfum et de lumière.

Belle nymphe aux cheveux d'or !
Il vous faut, dit-elle, encor
Un convive à votre joie !
Mais vous ne m'attendiez pas,
Et je guiderai ses pas.
Le Seigneur permet qu'il voie
Le grand délire charnel,
Et son palais qui flamboie
Dans un mystère éternel !

VII

Et tout fut transformé, tout. De ma sombre alcôve
Le cadre s'agrandit dans une lueur fauve.

Et ce fut un palais, vaste, immense, confus,
Une ample colonnade aux innombrables fûts.

Dans ce monde peuplé d'un monde de sculptures
Grinçaient les oripeaux de mille architectures.

Sous de vastes forêts de gothiques piliers
Disparaissaient au loin d'étranges escaliers.

C'étaient de lourds portails, des trèfles, des ogives,
Des rosaces sans fin peintes de couleurs vives,

Et, par endroits, jetés dans ce palais sans nom,
Des portiques païens, frères du Parthénon.

C'étaient des blocs géants, des degrés, des dentelles,
Des Chimères ouvrant leurs gigantesques ailes,

Des anges, de vieux sphinx, des moines, des héros,
Et des dieux verts avec des têtes de taureaux,

Qui, rêvant en silence et baissant la paupière,
Chantaient confusément la symphonie en pierre.

Et moi pendant ce temps je flottais, alité,
Entre la rêverie et la réalité.

Et je voyais toujours. Au milieu de la salle,
Une table brillait, splendide et colossale.

Chaque plat ciselé contenait un trésor
Détaillé par l'éclat de cent torchères d'or.

Le festin fabuleux aux recherches attiques
S'illuminait de neige et d'iris prismatiques,

Et, comme la lumière, un doux parfum éclos
Semblait briller de même et rayonner à flots.

Chaque climat lointain, de l'Irlande à l'Asie,
Avait donné son luxe ou bien sa fantaisie :

Qui ses surtouts d'argent, qui son oiseau vermeil,
Qui ses fruits veloutés au baiser du soleil.

Et le nectar divin, mystérieux poëme,
Emplissait de ses feux les verres de Bohême.

Aux uns le doux Aï, roulant dans ses glaçons
Tout l'or de la lumière et ses vivants frissons.

Aux autres, tourmenté comme dans une cuve,
Le breuvage divin que dore le Vésuve.

Pour les flacons d'argent façonné, l'hypocras
Et les flots pleins d'éclairs de l'immortel Schiraz.

Et je voyais s'emplir et se vider les coupes
Qu'ornaient des monstres d'or et des Grâces en groupes.

Mais ces trésors ardents, ces luxes enviés,
Tous n'étaient rien encore auprès des conviés.

Car ils étaient plus grands à voir pour des yeux d'homme
Qu'un sénat solennel des empereurs de Rome,

Ou que les saints élus dont la phalange va
Jusqu'au zénith du ciel, en criant : Jéhova !

Autour de cette table où les splendeurs sans nombre
N'avaient plus rien laissé pour la tristesse ou l'ombre,

Froids, divins, et leurs fronts couronnés de lotus,
Buvaient tous les don Juans et toutes les Vénus.

VIII

O don Juans, bien longtemps, artistes de la vie,
Affamés d'idéal, vous aviez tous cherché
L'amante au cœur divin, sans cesse poursuivie.

Et toujours son front pur, dans la brume caché,
S'était enfui devant l'éclair de vos prunelles,
Comme un rapide oiseau s'envole, effarouché.

Reines montrant l'orgueil des pourpres éternelles,
Courtisanes de marbre aux regards embrasés,
Fillettes de seize ans riant sous les tonnelles,

Vous aviez tour à tour meurtri de vos baisers
Tout ce qui porte un nom de princesse ou de femme,
Sans que vos longs tourments en fussent apaisés.

Bourreaux charmants et doux, héros d'un sombre drame,
Au-dessus de vos fronts des spectres convulsifs
Avaient gémi toujours comme le vent qui brame ;

Cependant, effleurant avec vos doigts pensifs
Les lys délicieux que le zéphyr adore,
Et serrant sans repos entre vos bras lascifs

Mille vierges enfants que la beauté décore
Et qui cachent l'extase en leurs seins palpitants,
Toujours vous aviez dit : Ce n'est pas elle encore !

Et vous, pâles Vénus ! longtemps, oh ! bien longtemps,
Même pour des mortels, sur vos lits de Déesses
Vous aviez dénoué vos beaux cheveux flottants

Et, comme un flot, versé leurs superbes ivresses,
Mais sans jamais, hélas ! pouvoir trouver celui
Dont votre ardente soif implorait les caresses.

Et toujours emportant votre sauvage ennui,
O victimes du dieu qui de nos maux se joue,
A travers les chemins longtemps vous aviez fui,

Tremblantes sous le fouet horrible que secoue
Le vieux titan Désir, tyran de l'univers,
Et dont le vent cruel souffletait votre joue !

Mais, ô don Juans, et vous, blanches filles des mers,
Sous les feux merveilleux du lustre qui flamboie,
Après tant de travaux et de regrets amers,

Vous savouriez enfin le repos et la joie.

IX

A ce festin, plus froids que le flot du Cydnus,
Buvaient tous les don Juans et toutes les Vénus.

D'abord tous les don Juans des pièces espagnoles
Ayant le fol orgueil de leurs amours frivoles.

Et puis tous ces don Juans sans nulle profondeur
Qui tuaient pour la forme un petit commandeur.

Puis, après ces bandits, le don Juan de Molière
Avec sa théorie atroce et singulière.

Le don Juan de Mozart et celui de Byron,
Tous deux songeant encore à leur Décaméron ;

Et celui qui trouva chez notre Henri Blaze
L'amour qui sauve après la volupté qui blase.

Et ce don Juan, pareil au poëte persan,
Que Musset déguisa sous le surnom d'Hassan ;

Et, plus lourd qu'un archer du temps de Louis onze,
Celui qui descendit d'un piédestal de bronze.

A ce festin royal, couronnés de lotus,
Buvaient tous les don Juans et toutes les Vénus :

La Vénus Aphrodite ou l'Anadyomène,
Caressant les cheveux d'un triton qui la mène ;

Vénus Hélicopis au regard doux et prompt,
Vénus Basiléia, le diadème au front ;

Cypris, Vénus Praxis, et Vénus Coliade,
Guerrière dont la danse est toute une Iliade ;

Puis Vénus Barbata, puis Vénus Argynnis,
Qui tient dans une main les flèches de son fils ;

Vénus Victrix sans bras, Astarté, ce prodige,
Et Vénus Mélanide, et Vénus Callipyge ;

Et celles dont Paphos a connu les douceurs,
Et les Vénus avec des carquois de chasseurs ;

Et Vénus Pandémie et Vénus de Cythère,
Courant d'un pas rapide et sans toucher la terre ;

Celle de Titien, allongeant sur son lit
Son corps d'ambre, et ses bras que le temps embellit ;

Et celle dont Corrège, en sa grâce premières,
Caressait les seins nus dans la chaude lumière.

Là, plus blancs que les fronts neigeux de l'Imaüs,
Buvaient tous les don Juans et toutes les Vénus.

La reine de ces jeux était la femme blonde
Qui d'abord près de moi parlait d'amour profonde.

Et les gens de la fête, émus à son aspect,
Semblaient la regarder avec un grand respect.

Par terre, dans un coin, dormait la femme pâle,
Avec une attitude insoucieuse et mâle.

Dans ses longs doigts aussi dormait un chapelet,
Où l'ivoire à des grains d'ébène se mêlait.

Pour servir au festin, de très belles servantes
Apportaient les plats d'or avec leurs mains savantes :

C'était d'abord la sœur des grands astres, Phœbé,
Dont le regard d'argent sur la terre est tombé ;

Puis Hélène de Sparte, insaisissable proie
De tes enfants, Hellas, combattant devant Troie ;

Et Rachel, et Judith la femme au bras nacré,
Ensanglantée encor de son crime sacré ;

Et celle d'Orient, la jeune Cléopâtre,
Dont la lèvre de flamme éblouissait le pâtre ;

Et la Rosalinda, qui chante sa chanson
De rossignol sauvage, en habit de garçon ;

Et toutes les beautés que les yeux de poëtes
Vêtirent de rayons pour les plus belles fêtes.

Tous ces convives fous avaient la joie au cœur
Et chantaient. Or, voici ce qu'ils chantaient en chœur :

X

Je bois à toi, jeune Reine !
Endormeuse souveraine,
Oublieuse des soucis !
Car c'est pour bercer ma joie
Que ton caprice déploie
Les lits de pourpre et de soie,
Charmeresse aux noirs sourcils !

Ta folle toison hardie
Brille comme l'incendie.
Hôtesse du flot amer,
Ta gorge aiguë étincelle
Dans un rayon qui ruisselle ;
Tu gardes sous ton aisselle
Tous les parfums de la mer.

Ta chevelure est vivante.
Elle frappe d'épouvante
Le lion et le vautour :

Sur ton beau ventre d'ivoire
S'éparpille une ombre noire,
Et tu marches dans ta gloire,
Superbe comme une tour.

O Déesse protectrice !
Heureux, ô sage nourrice,
L'athlète aux muscles ardents
Qui tout couvert de blessures,
D'écume et de meurtrissures,
Appelle encor les morsures
De ta lèvre et de tes dents !

Toi seule, ô bonne Déesse,
As l'incurable tristesse
De l'étoile et de la fleur
Sous l'or touffu qui te baigne ;
Et ton désespoir m'enseigne
Sur ton flanc glacé qui saigne
L'extase de la douleur.

Honte au cœur timide ! Il trouve
Sous ta figure, la louve
Qu'il nomme Réalité.
Mais à celui qui t'adore
Ta main, où tout flot se dore,
Verse, ô fille de Pandore,
Un vin d'immortalité !

XI

Et parfois, regardant vers les enchanteresses,
Les don Juans se levaient, altérés de caresses.

Ils allaient tour à tour baiser les seins neigeux
De toutes les Vénus, en leurs terribles jeux.

Et lorsqu'ils avançaient encor, la femme blonde
Les serrait sur la chair de sa gorge profonde.

Mais eux, sans être émus par ces rudes efforts,
Ils retournaient s'asseoir plus graves et plus forts.

Et je vis des enfants avec la face blême
Se glisser dans la salle et faire aussi de même.

Or, quand la courtisane aux blonds cheveux ambrés
Les étreignait, vaincus, avec ses bras marbrés,

Ils tombaient ; aussitôt la dormeuse fatale
S'éveillait pour les mordre avec ses dents d'opale.

XII

Chose horrible ! Ils n'étaient d'abord que quelques-uns
Noyant leur âme vierge à ces âcres parfums ;
    Mais bientôt une foule
Au festin monstrueux s'amassa follement,
Et je les vis tomber, privés de sentiment,
    Comme un mur qui s'écroule.

Ils allaient ! déchirés par quelque étrange faim,
Sans entrevoir le but, sans regarder la fin,
    Pris dans un noir vertige ;
Et chacun, l'œil éteint et le front dans les cieux,
Tombait, en murmurant des mots harmonieux,
    Lys inclinant sa tige.

Et l'ivresse augmenta. Par degrés, éperdus
Tous chancelaient. A voir tous leurs corps étendus
    Près du marbre des portes,
On eût dit, aux glaçons, à la blancheur de lys
De ces rêveurs couchés, une Nécropolis
    Pleine de choses mortes.

Alors, plus j'en voyais tomber autour de moi,
Hasard étrange ! et plus dans un divin émoi
   Je me sentais revivre.
Enfin, glacé d'attente et chaud de leurs baisers,
Je sentis tressaillir mes membres embrasés
   Et je voulus les suivre.

Mais la vierge à la lyre eut un air abattu
Et me prit par la main en disant : Connais-tu
   Ces deux beautés de neige ?
Moi je voulus partir et je répondis : Non !
— L'une est la Volupté, dit-elle, c'est son nom.
   — Et l'autre ? demandai-je.

— Cette fille si pâle, aux baisers si nerveux,
Qui se laisse oublier et dort dans ses cheveux ?
   C'est la Mort qu'on la nomme.
Et malgré ces deux noms effrayants, j'allai pour
Baiser aussi les seins des Vénus, fou d'amour,
   N'ayant plus rien d'un homme.

Dès le premier baiser je ne sais quelle peur
Me vint, et je fléchis, livide de stupeur,
   Comme en paralysie.
A mon réveil, autour du lustre qui pâlit,
Ces visions fuyaient. Seule auprès de mon lit
   Restait la Poésie.

C'est l'enfant à la lyre, aux célestes amours,
Que depuis j'ai suivie, et que je suis toujours
　　　　Dans son chemin aride.
Voilà pourquoi, souvent sur mon front fatigué,
On voit, dans les éclats du rire le plus gai,
　　　　Grimacer une ride.

Décembre 1842.

Clymène

> ... καλλίσφυρον Ὠκεανίνην
> Ἠγάγετο Κλυμένην...
>
> Hésiode, *Théogonie.*

L'aurore enveloppait dans une clarté rose
Le vallon gracieux que le Pénée arrose,
Et les arbres touffus, et la brise et les flots
Se redisaient au loin d'harmonieux sanglots.
Près du fleuve pleurait, parmi les hautes herbes,
Une Nymphe étendue. A ses regards superbes,
A ses bras vigoureux et vers le ciel ouverts,
A ses grands cheveux blonds marbrés de reflets verts,
On eût pu reconnaître une fille honorée
De Doris aux beaux yeux et du sage Nérée.
Ses cheveux dénoués se déroulaient épars,
Et ses pleurs sur son corps tombaient de toutes parts.
  O trop bel Iolas! insensé, disait-elle,
Pourquoi dédaignes-tu l'amour d'une immortelle?
Guidé par ta fureur, sans écouter ma voix,
Tu vas, chasseur cruel, ensanglanter les bois.
Enfant! je ne suis pas une blonde sirène
Dont les chants radieux pendant la nuit sereine

Égarent le pilote au milieu des roseaux.
Hélas! j'ai bien souvent, sur l'azur de ces eaux,
Avec mes jeunes sœurs, Nymphes aux belles joues,
Folâtré près de toi dans l'onde où tu te joues,
Et pour ton fleuve bleu quitté nos océans!
Bien souvent, pour te voir, j'ai sur les monts géants
Porté le long carquois des jeunes chasseresses,
Et, livrant aux zéphyrs tous mes cheveux en tresses,
Comme font les enfants de l'antique Ilion,
Jeté sur mon épaule une peau de lion.
    Bien souvent, nue, en chœur j'ai conduit sous ces arbres
Les Nymphes du vallon aux poitrines de marbres;
Mais sous les flots d'azur, aux grands bois, dans les champs
Jamais tu n'es venu pour écouter mes chants.
Et cependant, ainsi que les nymphes des plaines,
J'avais pour toi des lys dans mes corbeilles pleines;
Mais tu les refusais, et la seule Phyllis
Peut jeter devant toi ses chansons et ses lys.
Quand je t'ai tout offert, tu gardais tout pour elle.
Et pourtant de nous deux quelle était la plus belle!
Souvent dans nos palais j'ai vu le flot, moins prompt,
Frémir joyeusement de réfléchir mon front;
Sur un sein éclatant mon cou veiné s'incline,
Un sang pur a pourpré ma lèvre coralline,
Le ciel rit dans mes yeux, et les divins amants
Autrefois m'appelaient Clymène aux pieds charmants.
Ami! viens avec moi. Nos sœurs les Néréides
T'ouvriront sur mes pas leurs demeures splendides,

Et, près des cygnes purs, dans leurs ébats joyeux,
Nageront, se plaisant à réjouir tes yeux.
  Là, comme les grands Dieux, dans nos chastes délires
Nous savons marier nos voix aux voix des lyres,
Ou verser le nectar dans les vases dorés ;
Et l'onde, en se jouant près de nos bras nacrés,
Songe encore aux blancheurs de l'Anadyomène.
Oh ! désarme pour moi ta froideur inhumaine ;
Viens ! si tu ne veux pas que sous ces arbrisseaux
Mes yeux voilés de pleurs se changent en ruisseaux
Ou que tordant mes bras divins, comme Aréthuse,
Je meure, en exhalant une plainte confuse.
Mais, hélas ! l'écho seul répond à mes accords ;
Le soleil rougissant a desséché mon corps
Depuis que je t'attends de tes lointaines courses,
Et mes yeux étoilés pleurent comme deux sources.
  Ainsi Clymène, offerte au courroux de Vénus,
Disait sa plainte amère ; et les sœurs de Cycnus
Pleuraient des larmes d'ambre, et les gouffres du fleuve
Pleuraient, et la fleur vierge, et la colombe veuve,
Et la jeune Dryade en tordant ses rameaux,
Pleuraient et gémissaient avec d'étranges mots.
Et lorsque vint la nuit ramener sa grande ombre,
Où scintille Phœbé, sœur des astres sans nombre,
Au sein des flots troublés et grossis de ses pleurs,
Triste, elle disparut en arrachant des fleurs.

  Juillet 1842.

La Nuit de printemps

> If we shadows have offended,
> Think but this, (and all is mended)
> That you have but slumber'd here,
> While these visions did appear;
> And this weak and idle theme,
> No more yiedling but a dream
> Gentles, do not reprehend;
> If you pardon, we will mend.
>
> SHAKSPERE, *Midsummer-night's dream*, acte V, scène II.

C'ÉTAIT la veille de Mai,
Un soir souriant de fête,
Et tout semblait embaumé
D'une tendresse parfaite.

De son lit à baldaquin,
Le Soleil sur son beau globe
Avait l'air d'un Arlequin
Étalant sa garde-robe,

Et sa sœur au front changeant,
Mademoiselle la Lune
Avec ses grands yeux d'argent
Regardait la Terre brune,

Et du ciel, où, comme un roi,
Chaque astre vit de ses rentes,
Contemplait avec effroi
Le lac aux eaux transparentes.

Comme, avec son air trompeur,
Colombine, qu'on attrape,
A la fin du drame a peur
De tomber dans une trappe.

Tous les jeunes Séraphins,
A cheval sur mille nues,
Agaçaient de regards fins
Leurs comètes toutes nues.

Sur son trône, le bon Dieu,
Devant qui le lys foisonne,
Comme un seigneur de haut lieu
Que sa grandeur emprisonne,

A ces intrigues d'enfants
N'ayant pas daigné descendre,
Les laissait, tout triomphants,
Le tromper comme un Cassandre.

Or, en même temps qu'aux cieux,
C'était comme un grand remue-
Ménage délicieux,
Sur la pauvre terre émue.

Des Sylphes, des Chérubins,
S'occupaient de mille choses,
Et sous leurs fronts de bambins
Roulaient de gros yeux moroses.

Quel embarras, disaient-ils
Dans leurs langages superbes ;
A ces fleurs pas de pistils,
Pas de bleuets dans ces herbes !

Dans ce ciel pas de saphirs,
Pas de feuilles à ces arbres !
Où sont nos frères Zéphyrs
Pour embaumer l'eau des marbres ?

Hélas ! comment ferons-nous ?
Nous méritons qu'on nous tance ;
Le bon Dieu sur nos genoux
Va nous mettre en pénitence !

Car hier au bal dansant,
Où, sorti pour ses affaires,
Il mariait en passant
Deux Soleils avec leurs Sphères,

Nous avons de notre main
Promis sur le divin cierge
Son mois de mai pour demain
A notre dame la Vierge!

Hélas! jamais tout n'ira
Comme à la saison dernière,
Bien sûr on nous punira
De l'école buissonnière.

Pour ce Mai qu'on nous promet
Ils versent des pleurs de rage,
Et vite chacun se met
A commencer son ouvrage.

Penchés sur les arbrisseaux,
Les uns, au milieu des prées,
Avec de petits pinceaux
Peignent les fleurs diaprées,

Et, de face ou de profil,
Après les branches ouvertes
Attachent avec un fil
De petites feuilles vertes.

Les autres au papillon
Mettent l'azur de ses ailes,
Qu'ils prennent sur un rayon
Peint des couleurs les plus belles.

Des Ariels dans les cieux,
Assis près de leurs amantes,
Agitent des miroirs bleus
Au-dessus des eaux dormantes.

Sur la vague aux cheveux verts
Les Ondins peignent la moire,
Et lui serinent des vers
Trouvés dans un vieux grimoire.

Les Sylphes blonds dans son vol
Arrêtent l'oiseau qui chante,
Et lui disent : Rossignol,
Apprends ta chanson touchante ;

Car il faut que pour demain
On ait la chanson nouvelle.
Puis le cahier d'une main,
De l'autre ils lui tiennent l'aile.

Et ceux-là, portant des fleurs
Et de jolis flacons d'ambre,
S'en vont, doux ensorceleurs,
Voir mainte petite chambre,

Où mainte enfant, lys pâli,
Écoute, endormie et nue,
Fredonner un bengali
Dans son âme d'ingénue.

Ils étendent en essaim
Mille roses sur sa lèvre,
Un peu de neige à son sein,
Dans son cœur un peu de fièvre.

Aucun ne sera puni,
La Vierge sera contente :
Car nous avons tout fourni,
Ce qui charme et ce qui tente !

Et Sylphes, et Chérubins,
Ce joli torrent sans digue,
Vont se délasser aux bains
Du bruit et de la fatigue.

Dieu soit béni, disent-ils,
Nous avons fini la chose !
Aux fleurs voici les pistils,
Des parfums, du satin rose ;

Au papillon bleu son vol,
Aux bois rajeunis leur ombre,
Son doux chant au rossignol
Caché dans la forêt sombre !

Voici leur saphir aux cieux
Dans la lumière fleurie,
A l'herbe ses bleuets bleus,
Pour que la Vierge sourie !

Mais ce n'est pas tout encor,
Car ils me disent : Poëte !
Voilà mille rimes d'or,
Pour que tu sois de la fête.

Prends-les, tu feras des chants
Que nous apprendrons aux roses,
Pour les dire lorsque aux champs
Elles s'éveillent mi-closes.

Et certes mon rêve ailé
Eût fait une hymne bien belle
Si ce qu'ils m'ont révélé
Fût resté dans ma cervelle.

Ils murmuraient, Dieu le sait,
Des rimes si bien éprises !
Mais le Zéphyr qui passait
En passant me les a prises !

Avril 1842.

Ceux qui meurent
et
Ceux qui combattent

ÉPISODES ET FRAGMENTS

> Qui faut-il plaindre, ceux qui meurent ou ceux qui combattent? Sans doute, c'est triste de voir un poëte de vingt ans qui s'en va, une lyre qui se brise, un avenir qui s'évanouit; mais n'est-ce pas quelque chose aussi que le repos?
>
> Victor Hugo, *Littérature et Philosophie mêlées.*

I

LA LYRE MORTE

Ce que je veux rimer, c'est un conte en sixains.
Surtout n'y cherchez pas la trace d'une intrigue.
L'air est sans fioriture et le fond sans dessins.
D'abord j'ai de tout temps exécré la fatigue,
Puis je n'ai jamais eu que des goûts fort succincts
Pour l'intérêt nerveux que le vulgaire brigue.

La Chimère est debout : marche, Bellérophon !
Quel est donc mon sujet ? Je l'avais dans la tête.
Ah ! voici. Le héros, Madame, est un poëte,
C'est-à-dire ce monstre oublié par Buffon
Dans la liste des ours, dont on fait un bouffon
Pour égayer son hôte à la fin d'une fête.

C'était un pauvre hère. Il s'appelait Henri.
Il n'était pas marquis, ni gendarme, ni comte.
C'était un de ces nains au regard aguerri
Dont l'orgueil est coulé dans un moule de fonte,
Gueux de peu de valeur qui rimaillent sans honte,
Et que vous laissez là pour le chat favori.

Et vous faites fort bien. Mais nous, c'est autre chose :
Une larme du cœur est pour nous un trésor.
Notre âme en pleurs s'éveille au parfum d'une rose
Et tressaille au zéphyr où passe un chant de cor,
Sur l'oreiller de pierre où notre front se pose.
Tout ce que nous touchons a des paillettes d'or.

Excusez donc, par grâce, une douce manie.
Je reprends mon langage. Au fait, il m'en coûtait.
L'huissier a bien le droit d'écrire son protêt
Dans un hideux patois que l'univers renie :
Je puis jeter le masque, et mon héros était
Ce que nous appelons un homme de génie.

Il vivait seul chez lui comme un vieux hobereau,
N'ayant jamais voulu de femme pour maîtresse.
Mais il avait sa Muse et la folle paresse,
Et près de sa fenêtre un bouquet de sureau :
Pour employer son temps, il mettait son ivresse
A noircir du papier devant un vieux bureau.

Une telle existence est pour tous un mystère
Que je veux expliquer, et que je devrais taire.
Quand on est ainsi fait, on vit bien autrement
Que ne vit le prochain sur cette pauvre terre :
La douleur est pour l'âme un fécond aliment,
Et l'âme est un foyer qui s'endort rarement.

Le poëte est tordu comme était la Sibylle.
Quand un livre sincère est jusqu'à moitié fait,
On sent qu'on a besoin d'air et qu'on étouffait.
On va se promener en courant par la ville,
Car l'inspiration, brisant le front débile,
Pour celui qui la porte a le poids d'un forfait.

On sent que comme l'aigle on domine la foule,
Qu'on est le vrai lien de la terre et du ciel,
Qu'on retient seul du doigt la croyance qui croule
Et qu'on mourra pourtant comme les deux Abel,
Car on a comme eux deux un sang divin qui coule
Pour teindre le gibet et pour laver l'autel.

Puis, on ne comprend pas qu'une hymne aussi parfaite
Ait mûri jusqu'au bout dans ce cadavre humain.
On se demande alors qui vous a fait prophète
Et qui vous conduisait dans cet ardent chemin,
Vous, travailleur obscur, à qui les grands, du faîte,
Jetteraient une obole, en passant, dans la main !

Henri s'entortillait dans cette étrange trame,
Sur le bitume gris, près du Diorama,
Lorsque vint à passer, dans sa gloire, une femme
Dont l'attrait merveilleux le prit et le charma,
Comme s'il eût pu voir Hélène de Pergame.
Il regarda longtemps cette femme, et l'aima.

Elle avait, cher lecteur, une fort belle gorge,
Un cachemire noir souple comme un collier,
Brodé d'argent et d'or dans un goût singulier,
Des doigts fins et longs, tels que l'Amour grec en forge,
Et de plus, le profil superbe et régulier
Comme l'avait jadis mademoiselle George.

Son front païen eût mis Corinthe en désarroi ;
Ses cheveux étaient longs « comme un manteau de roi, »
Son nez beaucoup plus pur qu'on ne se l'imagine ;
Ses pieds savaient conter toute son origine,
Enfin, cette autre Isis des bas-reliefs d'Égine
Avait la lèvre rouge à donner de l'effroi.

Je ne veux pas conter une bonne fortune.
Ces histoires d'amour font un énorme bruit ;
En somme cependant, quand on en connaît une,
On peut savoir à quoi le reste se réduit.
Je ne dirai donc pas comment la belle brune
Prit Henri pour amant un jour, non, une nuit.

Henri vers le bonheur s'avança les mains pleines,
Il courut à l'amour comme au cirque un martyr.
Venant comme quelqu'un qui ne doit pas partir,
Il y jeta d'un coup ses bonheurs et ses haines,
Comme aux marbres du bain les bacchantes romaines
Leurs essences d'Émèse et leurs parfums de Tyr.

Dans la Vénus de chair qu'il avait asservie
Il trouva sa parure et son rhythme et sa vie,
Et s'en enveloppa comme d'un vêtement.
Toute félicité nous est trop tôt ravie !
Il s'aperçut un soir, oh rien ! tout bonnement
Que son rhythme et sa vie avait un autre amant.

Comme il ne singeait pas l'Othello de banlieue,
Il ne tua personne. Hélas ! à pas comptés
Il sortit sans courroux, fit une bonne lieue,
Rentra, puis, allumant sa cigarette bleue,
La maîtresse qu'on a sans infidélités,
Se dit, je sais encor ce qu'il dit : écoutez !

Puisque la seule enfant qui pouvait sur la terre
Étreindre ma pensée et toutes ses splendeurs
A refusé sa lèvre au fruit qui désaltère
Et comme un vieux haillon rejeté mes grandeurs,
J'achèverai tout seul ma course solitaire,
Et nul ne connaîtra mes sourdes profondeurs.

Passez autour de moi, femmes riches et belles !
Je pourrais d'un seul mot conserver ces appas
Qui jauniront demain sous vos blanches dentelles ;
Mais ce mot infini qui vous rend immortelles
Est mon secret à moi que je ne dirai pas,
Et la droite du Temps effacera vos pas !

O lutteurs gangrenés ! mourantes populaces !
Je sais sous quel fardeau se courbent vos audaces,
Et ma parole d'or allégerait vos pas.
Je pourrais ramener le bonheur sur vos places
Et sécher la sueur qui mouille vos repas ;
Mais ce mot qui guérit, je ne le dirai pas !

Je veux voir le vieux monde élaborer le crime
Sous le marteau pesant de la Fatalité,
Seul, muet, dédaigneux de l'éternelle cime,
Avare de ma force et de ma liberté,
Ne me souciant plus que le vol de la Rime
Emporte mes héros dans l'immortalité !

Mais comment achever le tableau que j'ébauche,
Et que se passa-t-il entre sa muse et lui?
C'est de la nuit profonde, où nul rayon n'a lui.
Un serpent le rongeait sous la mamelle gauche.
Ont-ils fait de l'amour ou bien de la débauche?
Je ne le savais pas, je le sais aujourd'hui.

Un jour la pâle Mort vint frapper à sa porte;
Il la fit rafraîchir, rajusta son bonnet,
Et la complimenta si bien, qu'il fit en sorte,
Avec son agrément, de finir un sonnet.
Puis il offrit sa main pour lui servir d'escorte;
Ce fut au mieux. Voilà tout ce qu'on en connaît.

Or, ce pauvre Henri, dont la mémoire est vide,
Fut le dernier chanteur à qui l'Aganippide
Montrait sa chair de neige et sa fauve toison,
Et nous sommes restés pour fermer la maison.
Aussi, quand vous raillez notre horde stupide,
Vous autres gens d'esprit, vous avez bien raison!

II

LA MORT DU POËTE

Le Poëte sentant son âme ouvrir ses ailes
    Pour s'envoler enfin,
S'enchantait de gravir les cimes éternelles
    Et de n'avoir plus faim.

Des souvenirs confus et des heures fanées
    Où l'espoir avait lui,
Comme des compagnons de ses jeunes années
    Se groupaient devant lui.

Il revoyait le temps où, dans la fange immonde,
    Il cherchait sur ses pas
La Gloire, cette fleur qu'il rêvait en ce monde,
    Et qu'on n'y cueille pas !

Et le moment fatal où tous ceux de la terre,
    De la plaine et des monts,
Avaient dit : Tu n'es pas, ô rêveur solitaire,
    De ceux que nous aimons !

Parfois un souvenir des heures amoureuses
    Illuminait ses traits,
Comme passent le soir des pourpres vaporeuses
    Entre les noirs cyprès.

Il retrouvait la chère et fugitive image,
    Et de son œil hagard
Il croyait l'entrevoir à travers le nuage
    Qui voilait son regard.

Oh ! non, se disait-il, tu mens, pâle Agonie !
    Un fantôme trompeur
Me charmait ; la Misère est là, tout me renie :
    La Misère fait peur !

L'ingrat ne savait pas que, malgré son blasphème,
    Son rêve s'achevait,
Et que la jeune fille était, vivant poëme,
    Assise à son chevet.

Sur le front du mourant elle posa sa tête,
    Pour y dormir un peu
Avant que l'Ange prît cette âme de poëte
    Pour la mener à Dieu.

Or, c'était une chose étrange et sérieuse
        Que d'unir sans remord
Aux lèvres d'un mourant cette lèvre rieuse,
        Cette vie à la mort!

Je ne sais quel espoir passa sur ce délire
        Dans l'ombre enseveli,
Mais voilà ce que dit l'âme à la douce lyre,
        Au chaste front pâli :

Pourquoi douter ainsi de l'avenir immense
        Et rester abattu ?
Où l'homme voit finir son pouvoir, Dieu commence;
        Il nous aime, vois-tu!

Il conserve à ta vie ardemment dépensée
        Le ciel de bien des jours,
Où s'épanouiront les fleurs de ta pensée
        Fidèle à nos amours.

— Oh! dit-il, mots divins! Amour et Poésie!
        Ineffable trésor!
Je vous ai savourés comme un flot d'ambroisie
        Dans une coupe d'or!

Comme j'aimais alors les bois et les prairies,
        Le ciel, tableau changeant,
Les oiseaux veloutés, les fleurs de pierreries,
        Les rivières d'argent!

Mon rêve était partout. Je disais : Je t'adore !
        A l'aubépine en fleurs ;
Au feuillage : Sens-moi tressaillir. A l'Aurore
        Humide : Vois mes pleurs !

Je remplissais d'espoir mon âme fécondée
        Et mes désirs sans frein,
Comme un sculpteur emplit avec sa large idée
        Les marbres et l'airain :

J'aimais la Liberté, cette déesse antique
        Dont les flancs sont blessés,
Et qui chantait jadis un radieux cantique
        Sur ses fils trépassés ;

Cette mère dont l'âme à tous nos vœux se mêle ;
        Qui, les deux bras ouverts,
Étreint les nations, et, comme une Cybèle,
        Allaite l'univers !

Je saluais déjà l'aurore de la gloire.
        Mais, ô deuil ! ô terreur !
A présent une nuit silencieuse et noire
        M'enveloppe d'horreur.

Car, lorsque brille au loin dans un horizon sombre
        Un éclat vif et beau,
Tous ceux qui sur nos fronts ne règnent que par l'ombre
        Éteignent le flambeau.

Toute clarté leur jette, innocente ou hardie,
  Un désespoir amer;
En effet, l'étincelle est tout un incendie,
  La source est une mer!

Aussi lorsqu'ils ont vu nos astres sur leur route
  Avoir mille rayons,
Ils ont appesanti l'épais brouillard du doute
  Sur ce que nous croyons.

Lorsque nous leur disions nos chants, des chants sublimes
  Qu'ils ne comprenaient pas,
Ils les examinaient, ces éplucheurs de rimes,
  Avec leur froid compas!

Lorsque nous demandions les vierges diaphanes
  Dont le maître étoila
Notre ciel obscurci, de viles courtisanes
  Répondaient : Nous voilà!

Mais j'en ai trouvé deux plus froides que les autres
  Dans leur satiété,
Deux, l'Envie et la Faim, les plus dignes apôtres
  De la société!

Si bien que j'ai creusé mon sillon dans ce monde
  Égoïste et mauvais,
Lorsque l'autre patrie était seule féconde :
  Mais celle-là, j'y vais!

— Non, dit-elle, vivons, ô mon idolâtrie !
        Seigneur, rends-lui sa foi.
Ou si vraiment son âme irritée et meurtrie
        A déjà soif de toi,

Si tu veux délivrer cette blanche colombe,
        Seigneur, si tu le veux !
Fais-moi mourir aussi. Pour linceul dans sa tombe
        Il aura mes cheveux.

Or, Dieu prêta l'oreille à ces voix de la terre.
        Des deux enfants liés
Il ne resta plus rien, qu'un tombeau solitaire
        Et des chants oubliés.

III

LES DEUX FRÈRES

Patientez encor pour une autre folie.
Les temps sont si mauvais, que pour son pauvre amant
La Muse n'a gardé que sa mélancolie.
Donc naguères vivaient, sous l'azur d'Italie,
Deux frères de Toscane au langage charmant,
Qui n'avaient qu'eux au monde et s'aimaient saintement.

Deux lutteurs aguerris, formidables athlètes
Jetés dans le champ clos de la société,
Deux nobles parias, en un mot deux poëtes,
Fouillant dans la nature avec avidité.
Mêlant tout, leurs douleurs stériles et leurs fêtes,
Ils se cachaient ainsi, l'un sous l'autre abrité.

Oui, frères en effet! J'ai dit qu'ils étaient frères :
Je ne sais s'ils avaient sucé le même lait
Ou s'ils s'étaient pendus aux gorges de deux mères,
Mais ils craignaient de même et la honte et le laid.
Tous deux comme un bonheur s'étaient pris au collet,
Pour s'être rencontrés le soir aux réverbères.

Ils s'appelaient César et Stenio. Ce point
Éclairci, leurs passés faut-il que je les dise?
Le plus âgé des deux c'était César. La bise
Avait connu longtemps les trous de son pourpoint,
Comme la pauvreté son lit. De Cidalise,
Ayant aimé trop tôt, je pense, il n'en eut point.

Au fait, son existence avait été bizarre,
Car il était né bon dans un siècle de fer.
Rêveur dépaysé dont la folle guitare
Câlinait le passant pour lui dire un vieil air,
Le monde l'accabla de sa rigueur avare,
Et le fit, de son ciel, rouler dans un enfer.

Tout enfant, il aima sa mère, une danseuse
De Parme, qui louait à tout prix son coton.
Or, un jour, au sortir d'une nuit amoureuse
Avec un Nelleri, seigneur d'assez haut ton,
Comme il trouvait l'enfant d'une mine joyeuse,
Elle le lui vendit pour cent ducats, dit-on.

Ce seigneur l'aima fort trois jours. Mais sa maîtresse,
Femme blonde aux yeux noirs, qui le tenait en laisse,
Choya de préférence un horrible épagneul.
Si bien qu'en un collège hostile à sa paresse,
Par un beau soir d'été, César se trouva seul
Comme un chevalier mort dans son rude linceul.

Dans ces groupes d'enfants, compagnons de servage,
Qui l'entouraient, cherchant son âme dans ses yeux,
César ne se dit rien, sinon que sous les cieux
Rien ne vaudrait pour lui sa liberté sauvage,
Sa course vagabonde aux sables du rivage
Et les enivrements de son cœur soucieux.

Quoiqu'il fût ennemi de toute amitié fausse,
Un d'entre eux, fin matois qu'on nommait Annibal,
Par instants lui fit croire à ces rêves qu'exauce
L'être à qui le soleil fait un manteau royal.
Donc, voilà son ami qui le baisse et le hausse
Comme un polichinelle au bout d'un fil d'archal.

Plus tard il pend sa vie aux lèvres d'une femme
Vénitienne, horrible et charmant amalgame
De feux voluptueux dans un cœur endormi ;
Et lorsque enfin Thisbé l'appelait : son Pyrame,
Il trouve un soir la belle ivre, et nue à demi,
Qui rêve son remords aux bras de son ami.

C'est ainsi qu'il était, malheureux et tranquille,
Songeant aux vrais plaisirs si rares et si courts,
Le front pâli déjà par la débauche vile,
Et le cœur encor plein de ses jeunes amours,
Quand, près de la taverne où s'écoulaient ses jours,
Il vint à rencontrer Sténio par la ville.

Papillon de la rose et frère de l'oiseau,
C'était un doux jeune homme enivré d'ambroisie,
Amoureux du repos et de la fantaisie,
Laissant courir sa barque aux effluves de l'eau,
Et dans les bras nerveux de sa Muse choisie
Couché nonchalamment, comme dans un berceau.

La vaste Poésie est faite avec deux choses :
Une Ame, champ brûlé que fécondent les pleurs,
Puis une Lyre d'or, écho de ces douleurs,
Dont la corde se plie à ses métamorphoses,
Et vibre sous la peine et sous les amours roses,
Comme sous le baiser du vent un arbre en fleurs.

Oh ! lorsqu'on prend un livre et que l'on daigne lire
Une riche pensée écrite en nobles vers,
On ne sait pas combien la page et le revers
Ont pu coûter souvent de farouche délire
Et combien le gazon a de gouffres ouverts !
C'est César qui fut l'Ame, et Sténio la Lyre.

C'était un assemblage étrange, et que je veux
Vous peindre : l'un riant d'un sourire nerveux
Et sentant chaque jour le désespoir avide
Graver sur son front large une nouvelle ride,
Et l'autre, frais et rose avec de blonds cheveux,
Et foudroyant le mal de son doute candide.

Pareilles à deux fleurs au parfum pénétrant,
Ils avaient confondu leurs deux âmes jumelles,
Si bien que la souffrance avec de sombres ailes
Emportait le bonheur pour le faire plus grand,
Noyant sa douce voix dans les plaintes mortelles,
« Comme un flot de cristal dans un sombre torrent. »

C'est ainsi que César dans ses longues veillées
Disait à Sténio ses désillusions,
Ses premiers jours de foi, diaprés de rayons,
Ses espoirs, et comment sans relâche éveillées,
Des haines, par la nuit et l'enfer conseillées,
Souillent de leur venin tout ce que nous croyons.

Encore extasié de sa jeunesse franche,
Pleine d'enthousiasme et de rêves touchants,
Amoureuse des bois, de la nuit et des champs,
Et de l'oiseau craintif qui chante sur la branche,
Il lui parlait de l'homme, et disait ce qui tranche
Les fils de soie et d'or de l'amour et des chants.

Il lui disait comment, après des nuits de joie
Où l'amour étoilé semble un firmament bleu,
On s'éloigne à pas lents de la couche de soie,
Emportant dans son cœur la jalousie en feu,
Et comment à genoux, quand ce spectre flamboie,
On frappe sa poitrine, en criant : O mon Dieu !

Mais Sténio, pressant son âme parfumée
Et blanche jusqu'au fond comme une jeune fleur,
Enveloppait César de la foi de son cœur.
Il disait, entouré d'une blanche fumée,
Et caressant toujours sa cigarette aimée :
Si c'est un rêve, ami, je veux rêver bonheur.

Je veux croire à l'amour, à la nature, à l'ange,
Au doux baiser fidèle, au serrement de main,
Au rhythme harmonieux, au nectar sans mélange,
Aux amantes qui font la moitié du chemin,
Et penser jusqu'au bout que leur blonde phalange,
En nous quittant le soir, espère un lendemain.

Je croirai que le monde est une grande auberge
Où l'hospitalité sans défiance héberge
Comme le grand seigneur, le passant hasardeux,
Et leur prête son lit sans se soucier d'eux.
César, calme et pensif, répondait : O cœur vierge !
Et, la main dans la main, ils souriaient tous deux.

Mais lorsqu'ils se quittaient, c'était comme une trêve
Où chacun dans son cœur changeant de souvenir,
Y sentait circuler une nouvelle sève
Et comme un feu divin la force revenir.
Car ils rêvaient tous deux, sans s'avouer leur rêve,
Sténio de douleur, et César d'avenir !

Et quand César voulait attendre sur sa route
Le coursier de Lénore et le saisir aux crins,
Il se disait en lui, comme l'homme qui doute :
Qui soustraira mon frère aux dangers que j'ai craints ?
Je lui dois ma douleur, et je la lui dois toute,
Et j'en garde pour lui les splendides écrins.

Mais lorsque Sténio fut complet, que la gloire
L'eut porté rayonnant à son temple d'ivoire,
César pensa tout bas : O mort que je rêvais !
Puisque j'ai pour toujours assuré sa mémoire
Et qu'il sait à présent tout ce que je savais,
Je n'ai plus rien à dire au monde et je m'en vais !

J'étais le piédestal de sa blanche statue :
Les peuples aujourd'hui la lèvent de leurs fronts.
Puisque la seule foi que ma pensée ait eue
Marche dans son triomphe, à l'abri des affronts,
Je serai tombé seul sous le coup qui me tue,
Et le repos m'attend dans la tombe : mourons !

Oui, mourons aujourd'hui. Car si ma douleur cesse,
Je laisse l'agonie à celle que j'aimais.
Au milieu des plaisirs, du bruit, de la paresse,
Des chants dont la splendeur ne s'éteindra jamais
Avec tes pleurs divins lui rediront sans cesse :
Regarde, ô lâche cœur, la tombe où tu le mets !

Par malheur, Sténio ne savait pas maudire.
Il perdit, le poëte à la coupe de miel !
Ces vers mélodieux pleins de rage et de fiel.
Je cherche en vain, dit-il, mon superbe délire,
Car moi, je n'étais rien que la voix d'une lyre,
Et mon âme vivante est remontée au ciel !

IV

UNE NUIT BLANCHE

La ville, mer immense, avec ses bruits sans nombre,
A sur les flots du jour replié ses flots d'ombre,
Et la Nuit secouant son front plein de parfums,
Inonde le ciel pur de ses longs cheveux bruns.
Moi, pensif, accoudé sur la table, j'écoute
Cette haleine du soir que je recueille toute.
Plus rien ! ma lampe seule, en mon réduit obscur
De son pâle reflet inondant le vieux mur,
Dit tout bas qu'au milieu du sommeil de la terre
Travaille une pensée étrange et solitaire.
Et cependant en proie à mille visions,
Mon esprit hésitant s'emplit d'illusions,
Et mes doigts engourdis laissent tomber ma plume.
C'est le sommeil qui vient. Non, mon regard s'allume,

Et, comme avec terreur, ma chair a frissonné.
Quel est ce bruit lointain? Ah! l'horloge a sonné!
Et la page est encor vierge. Mon corps débile
Se débat sous le feu d'une fièvre stérile.
J'attends en vain l'idée et l'inspiration.
Comme tu me mentais, splendide vision
Qui venais me bercer d'une espérance vaine!
Être impuissant! n'avoir que du sang dans la veine!
Avoir voulu d'un mot définir l'univers,
Et ne pouvoir trouver l'arrangement d'un vers!
Me suis-je donc mépris? Dans mon cœur qui ruisselle
Dieu n'avait-il pas mis la sublime étincelle?

Oh! si, je me souviens. En mes désirs sans frein,
Enfant, j'ai vu de près les colosses d'airain;
Je cherchais dans la forme ardemment fécondée
Le moule harmonieux de toute large idée;
J'allais aux géants grecs demander tour à tour
Quelle grâce polie ou quel rude contour
Fait vivre pour les yeux la synthèse éternelle.
Esprit épouvanté, je me perdais en elle,
Tâchant de distinguer dans quels vastes accords
Se fondent les splendeurs des âmes et des corps,
Et méditant déjà comment notre génie
Impose une enveloppe à la chose infinie.
Hélas! amants d'un soir, en vain nous enlaçons
La morne Galatée et ses divins glaçons.
Pourquoi m'as-tu quitté, Muse blanche? O ma lyre!
Quel ouragan t'a pris ton suave délire?

Quelle foudre a brisé votre prisme éclatant,
O mes illusions de jeunesse ? Pourtant
J'aime encor les longs bruits, le ciel bleu, le vieil arbre,
Les lointains discordants, et ma strophe de marbre
Sait encor rajeunir la grande Antiquité.
O Muse que j'aimais, pourquoi m'as-tu quitté?
Pourquoi ne plus venir sur ma table connue
Avec tes bras nerveux t'accouder chaste et nue ?

   Jetons les yeux sur nous, vieillards anticipés,
Cœurs souillés au berceau, parleurs inoccupés !
Ce qui nous perdra tous, ce qui corrode l'âme,
Ce qui dans nos cœurs même éteint l'ardente flamme,
C'est notre lâche orgueil, spectre qui devant nous
Illumine les fronts de la foule à genoux ;
Le poison qui décime en un jour nos phalanges,
C'est ce désir de gloire et de vaines louanges
Qui fait bouillir le sang vers le cœur refoulé.
Oh ! nous avons l'orgueil superbement enflé,
Nous autres ! travailleurs qui voulons le salaire
Avant l'œuvre, et montrons une sainte colère
Pour saisir les lauriers avant la lutte ! Enfants
Qui, le cigare en main, nous rêvons triomphants,
Vierges encor du glaive et du champ de bataille !
Nains au front dédaigneux qui haussons notre taille
Sur les calculs étroits de notre ambition,
Qui, blasés sans avoir connu la passion,
Croyons sentir en nous cette verve stridente
Que l'enfer avait mis dans la plume du Dante,

Ou le doute fatal qui réveillait Byron,
Comme un cheval fouetté par le vent du clairon !
 Devant nous ont passé quelques sombres génies
Qui vous jetaient aux vents, farouches harmonies
Dont nous psalmodions une note au hasard !
Tout fiers d'avoir produit un pastiche bâtard,
D'avoir éparpillé quelques syllabes fortes,
Fous, ivres, éperdus, nous assiégeons les portes
Des Panthéons bâtis pour la postérité !
C'est un aveuglement risible en vérité !
 Quand nous aurons longtemps sur les livres antiques
Interrogé le sens des choses prophétiques,
Lu sur les marbres saints d'Égine et de Paros
Le sort des Dieux, jouet mystérieux d'Éros ;
Dans le livre du monde, à la page où nous sommes,
Quand nous épellerons le noir secret des hommes ;
Quand nous aurons usé sans relâche nos fronts
Sous l'étude, et non pas sous de justes affronts,
O lutteurs, nous pourrons de notre voix profonde
Dire au monde : C'est nous, et remuer le monde.
Mais jusque-là, sans trêve, aux Zoïles méchants
Voilant avec amour l'ébauche de nos chants,
Étreignons la nature, et mesurons sans crainte
Ce bas-relief géant dont nous prenons l'empreinte !

V

LA VIE ET LA MORT

J'ai vu ces songeurs, ces poëtes,
Ces frères de l'aigle irrité,
Tous montrant sur leurs nobles têtes
Le signe de la Vérité.

Et près d'eux, comme deux statues
Qui naquirent d'un même effort,
Se tenaient, de blancheur vêtues,
Deux vierges, la Vie et la Mort.

J'ai vu le mendiant Homère,
Le grand Eschyle au cœur sans fiel,
Chauve, et dans sa vieillesse amère
Insulté par le vent du ciel ;

J'ai vu le lyrique Pindare,
L'élève divin de Myrtis
Dont un roi prenait la cithare,
Comme le chevreau broute un lys ;

J'ai vu mon père Aristophane
Blessé par des mots odieux,
Et devant le peuple profane
Défendant Eschyle et ses Dieux ;

J'ai vu buvant la sombre lie
De ses calices triomphants,
Sophocle, accusé de folie
Et maltraité par ses enfants ;

J'ai vu portant l'affreux stigmate,
Ovide fugitif, buvant
Le lait d'une jument sarmate
Au désert glacé par le vent ;

J'ai vu Dante en exil, et Tasse
Abandonné par sa raison,
Collant sa face morne et lasse
Aux noirs barreaux de sa prison.

Pareil au lion qui soupire
Sous le vil fouet de ses gardiens,
Hélas ! j'ai vu le dieu Shakspere
Aux gages des comédiens ;

J'ai vu Cervantes, pauvre esclave,
Au bagne exhalant ses sanglots,
Et Camoëns sanglant et hâve
Luttant dans l'écume des flots ;

J'ai vu, tant le destin se joue
En des caprices insensés,
Corneille marchant dans la boue
Avec ses souliers rapiécés,

Et Racine, cet idolâtre,
Tombant les regards éblouis
Par le tonnerre de théâtre
Que lançaient les yeux de Louis,

Et Chénier, dont le trait rapide
Atteignait sa victime au flanc,
Versant sur l'échafaud stupide
La belle pourpre de son sang.

Brillant de la splendeur première,
Tous ces grands exilés des cieux,
Tous ces hommes porte-lumière
Avaient des astres dans leurs yeux.

Lorsqu'elle frappait notre oreille
Avec le bruit du flot amer,
Leur voix immense était pareille
A la tumultueuse mer,

Et leur rire plein d'étincelles
Semblait lancer dans l'aquilon
Des flèches pareilles à celles
De l'archer Phœbus Apollon.

Pourtant sans foyer et sans joie,
Sous les cieux incléments et froids
Ils traînaient leur misère, proie
De la foule, ou jouet des rois.

Et dans ses colères, la Vie,
Brisant ce qui leur était cher,
D'une dent folle, inassouvie,
Mordait cruellement leur chair.

Les mettant dans la troupe vile
Des mendiants que nous raillons,
Elle les poussait dans la ville
Affublés de sombres haillons ;

Sur eux acharnée en sa rage,
Et voulant les réduire enfin,
Elle leur prodiguait l'outrage,
La pauvreté, l'exil, la faim,

Et les pourchassait, misérables
Qui n'espèrent plus de rachats,
Ayant tous leurs fronts vénérables
Souillés de ses impurs crachats !

Mais enfin la compagne sûre
Venait; la radieuse Mort
Lavait tendrement la blessure
De leurs seins exempts de remord.

Ainsi que les mères farouches
Qui sont prodigues du baiser,
Elle les baisait sur leurs bouches
Doucement, pour les apaiser.

Sous leurs pas, ainsi qu'une Omphale,
Elle étendait au grand soleil
La rouge pourpre triomphale
Pour leur faire un tapis vermeil,

Et sur leurs fronts brillants de gloire
Devant le peuple meurtrier,
Avec ses belles mains d'ivoire
Elle attachait le noir laurier.

VI

NOSTALGIE

Oh! lorsque incessamment tant de caprices noirs
    S'impriment à la rame,
Et que notre Thalie accouche tous les soirs
    D'un nouveau mélodrame;

Que les analyseurs sur leurs gros feuilletons
    Jettent leur sel attique,
Et, tout en disséquant, chantent sur tous les tons
    Les devoirs du critique;

Que dans un bouge affreux des orateurs blafards
    Dissertent sur les nègres,
Que l'actrice en haillons étale tous ses fards
    Sur ses ossements maigres;

Qu'au bout d'un pont très lourd trois cents provinciaux
 Tout altérés de lucre,
Discutent gravement en des termes si hauts
 Sur l'avenir du sucre;

Que de piètres Phœbus au regard indigo
 Flattent leur Muse vile,
Encensent d'Ennery, jugent Victor Hugo,
 Et font du vaudeville;

Lorsque de vieux rimeurs fatiguent l'aquilon
 De strophes chevillées,
Que sans nulle vergogne on expose au Salon
 Des femmes habillées;

Que chez nos miss Lilas, entre deux verres d'eau,
 Un grand renom se forge,
Que nos beautés du jour, reines par Cupido,
 N'ont pas même de gorge;

Qu'entre des arbres peints, à ce vieil Opéra
 Dont on dit tant de choses,
Les fruits du cotonnier qu'un lord Anglais paiera
 Dansent en maillots roses;

Que ne puis-je, ô Paris, vieille ville aux abois,
 Te fuir d'un pas agile,
Et me mêler là-bas, sous l'ombrage des bois,
 Aux bergers de Virgile!

Voir les chevreaux lascifs errer près d'un ravin
    Ou parcourir la plaine,
Et, comme Mnasylus, rencontrer, pris de vin,
    Le bon homme Silène ;

Près des saules courbés poursuivre Amaryllis
    Au jeune sein d'albâtre,
Voir les nymphes emplir leurs corbeilles de lys
    Pour Alexis le pâtre ;

Dans les gazons fleuris, au murmure de l'eau,
    Dépenser mes journées
A dire quelques chants aux filles d'Apollo
    En strophes alternées ;

Pleurer Daphnis ravi par un cruel destin,
    Et, fuyant nos martyres,
Mieux qu'Alphesibœus en dansant au festin
    Imiter les Satyres !

    Février 1842.

La Renaissance

> Ameine avecques toy la Cyprienne sainte...
> RONSARD, Églogue II.

On a dit qu'une vierge à la parure d'or
Sur l'épaule des flots vint de Cypre à Cythère,
Et que ses pieds polis, en caressant la terre,
A chacun de ses pas laissèrent un trésor.

L'oiseau vermeil, qui chante en prenant son essor,
Emplit d'enchantements la forêt solitaire,
Et les ruisseaux glacés où l'on se désaltère,
Sentirent dans leurs flots plus de fraîcheur encor.

La fleur s'ouvrit plus pure aux baisers de la brise,
Et sous les myrtes verts, la vierge plus éprise
Releva dans ses bras son amant à genoux.

De même quand plus tard, autre Anadyomène,
La Renaissance vint, et rayonna sur nous,
Toute chose fleurit au fond de l'âme humaine.

Juin 1842.

Trois femmes à la tête blonde
Pour une mission féconde
Ont rayonné sur notre monde :

Ève, la Joie et la Beauté ;
Maria, la Virginité ;
Madeleine, la Charité.

Parfumés comme des calices,
Dans la clarté, leurs cheveux lisses
Versent d'éternelles délices.

Juin 1842.

La Déesse

> Quand au matin ma deesse s'habille
> D'un riche or crespe ombrageant ses talons...
>
> RONSARD. — *Amours,* livre I.

Quand les trois déités à la charmante voix
Aux pieds du blond Pâris mirent leur jalousie,
Pallas dit à l'enfant : Si ton cœur m'a choisie,
Je te réserverai de terribles exploits.

Junon leva la tête, et lui dit : Sous tes lois
Je mettrai, si tu veux, les trônes de l'Asie,
Et tu dérouleras ta riche fantaisie
Sur les fronts inclinés des peuples et des rois.

Mais celle devant qui pâlissent les étoiles
Inexorablement détacha ses longs voiles
Et montra les splendeurs sereines de son corps.

Et toi lèvre éloquente, ô raison précieuse,
O Beauté, vision faite de purs accords,
Tu le persuadas, grande silencieuse !

Juin 1842.

Sachons adorer ! Sachons lire !
La Coupe, le Sein et la Lyre
Nous donnent le triple délire.

Symbole dont le fier dessin
Fut jadis moulé sur le Sein,
La Coupe inspire un grand dessein.

La Lyre, voix de l'Ionie,
Que le vulgaire admire et nie,
Contient la céleste harmonie.

Juin 1842.

Idolâtrie

> Les sociétés polies, mais idolâtres, de Rome et d'Athènes, ignoraient la céleste dignité de la femme, révélée plus tard aux hommes par le Dieu qui voulut naître d'une fille d'Ève.
>
> VICTOR HUGO, *Littérature et Philosophie mêlées*.

Mètre divin, mètre de bonne race,
Que nous rapporte un poëte nouveau,
Toi qui jadis combattais pour Horace,
  Rhythme de Sappho !

Fais-moi fléchir la belle nymphe éprise
Que je désire avec un doux émoi,
Quoique son cœur pour Diane méprise
  Et Vénus et moi !

Car chaque nuit, les Grâces, troupe nue,
Viennent baiser, dans un céleste accord,
Son chaste sein, lorsque cette ingénue
    Lydia s'endort.

Si folâtrant avec les chasseresses,
Elle s'ébat dans vos flots querelleurs,
Oh! faites-lui vos plus folles caresses,
    Naïades en pleurs!

Inspire-moi, toi qui portes la lyre,
Toi dont le char devance l'aquilon,
Des chants que brûle un amoureux délire,
    Phœbus Apollon!

Et toi, Cypris, veux-tu la prendre au piège?
Alors je t'offre avec un myrte vert
Des tourtereaux plus blancs que n'est la neige
    Ou le lys ouvert!

Juin 1842.

Même en deuil pour cent trahisons,
A vos soleils nous embrasons
Nos cœurs meurtris, jeunes saisons!

O premières roses trémières!
O premières amours! Premières
Aurores, aux riches lumières!

Malgré l'hiver et les autans,
Ressuscitent, vainqueurs du temps,
Vos étés aux cheveux flottants!

Juin 1842.

Amour angélique

> Oh! l'amour! dit-elle, — et sa voix tremblait et son œil rayonnait, — c'est être deux et n'être qu'un. Un homme et une femme qui se fondent en un ange, c'est le ciel.
>
> VICTOR HUGO, *Notre-Dame de Paris,* liv. II, chap. VII.

L'ANGE aimé qu'ici-bas je révère et je prie
Est une enfant voilée avec ses longs cheveux,
 A qui le ciel, pour qu'elle nous sourie,
A donné le regard de la vierge Marie.

  Ame que l'azur expatrie
  Pour qu'elle recueille nos vœux,
  Jeune âme limpide et fleurie
  Comme les fleurs de la prairie
  Aux calices roses ou bleus!

Comme l'autre Éloa, c'est la sœur des archanges,
Qui pour nous faire vivre aux mystiques amours,
  A quitté les blondes phalanges
Et souille ses pieds blancs à parcourir nos fanges.

  Aussi nos ferveurs sont étranges :
  Ce sont des rêves sans détours,
  Ce sont des plaisirs sans mélanges,
  Des extases et des échanges
  Qui dureront plus que les jours !

C'est un chemin frayé plein d'une douce joie,
Un vase de parfums, une coupe de miel,
  Un météore qui flamboie
Comme un beau chérubin dans sa robe de soie.

  Il ne craint pas que Dieu le voie :
  C'est un amour pur et sans fiel
  Où toute notre âme se noie
  Et dont l'aile ne se déploie
  Que pour s'élancer vers le ciel !

Juin 1842.

Loys

> Elle cueille des marguerites
> et les effeuille pour s'assurer de
> l'amour de Loys.
>
> Théophile Gautier,
> *Giselle*, acte I, scène IV.

Mon Loys, j'ai sous vos prunelles,
Oublié, dans mon cœur troublé,
Mon époux qui s'en est allé
Pour combattre les infidèles.
Quand nous le croirons loin encor,
Il sera là, Dieu nous pardonne !
Mon beau page, quel bruit résonne ?
Est-ce lui qui sonne du cor ?

J'ai lu dans un ancien poëme
Qu'une autre Yolande autrefois
Près de son page Hector de Foix
Oublia son époux de même.

Elle gardait comme un trésor
Ces extases que l'amour donne. —
Mon beau page, quel bruit résonne ?
Est-ce lui qui sonne du cor ?

Cette Yolande était duchesse,
Mille vassaux étaient son bien,
Et son bel ami n'avait rien
Que ses cheveux blonds pour richesse.
Pour cet enfant aux cheveux d'or
La dame eût vendu sa couronne. —
Mon beau page, quel bruit résonne ?
Est-ce lui qui sonne du cor ?

Ces amants qu'un doux rêve assemble,
Ont souvent passé plus d'un jour
A se dire des chants d'amour,
Ou bien à regarder ensemble
Les oiseaux prendre leur essor
Vers l'azur qui tremble et frissonne. —
Mon beau page, quel bruit résonne ?
Est-ce lui qui sonne du cor ?

Ou bien ils passaient leurs journées
A revoir d'auréoles ceints
Les bonnes Vierges et les Saints
Dans les Bibles enluminées.

L'Amour dit son confiteor
Sans écouter l'heure qui sonne. —
Mon beau page, quel bruit résonne ?
Est-ce lui qui sonne du cor ?

Comme leurs lèvres en délire
Un soir longuement s'assemblaient,
En des baisers qui ressemblaient
Aux frémissements d'une lyre,
On entendit au corridor
Les pas de l'époux en personne. —
Mon beau page, quel bruit résonne ?
Est-ce lui qui sonne du cor ?

Sais-tu quel sort on nous destine ?
Le malheureux page exilé,
Plein d'un regret inconsolé,
Alla mourir en Palestine.
Toujours pleurant son cher Hector,
La dame au couvent mourut nonne. —
Mon beau page, quel bruit résonne ?
Est-ce lui qui sonne du cor ?

Février 1841.

Bien souvent je revois sous mes paupières closes,
La nuit, mon vieux Moulins bâti de briques roses,
Les cours tout embaumés par la fleur du tilleul,
Ce vieux pont de granit bâti par mon aïeul,
Nos fontaines, les champs, les bois, les chères tombes,
Le ciel de mon enfance où volent des colombes,
Les larges tapis d'herbe où l'on m'a promené
Tout petit, la maison riante où je suis né
Et les chemins touffus, creusés comme des gorges,
Qui mènent si gaiement vers ma belle Font-Georges,
A qui mes souvenirs les plus doux sont liés.
Et son sorbier, son haut salon de peupliers,
Sa source au flot si froid par la mousse embellie
Où je m'en allais boire avec ma sœur Zélie,
Je les revois ; je vois les bons vieux vignerons
Et les abeilles d'or qui volaient sur nos fronts,
Le verger plein d'oiseaux, de chansons, de murmures,
Les pêchers de la vigne avec leurs pêches mûres,
Et j'entends près de nous monter sur le coteau
Les joyeux aboiements de mon chien Calisto !

Septembre 1841.

Leïla

> Tu as loué Leïla en rimes qui,
> par leur enchaînement, donnent
> l'idée d'une étoffe rayée d'Yémen.
>
> Traduction d'un poème
> arabe, *Notes des* Orientales.

Il semble qu'aux sultans Dieu même
Pour femmes donne ses houris.
Mais, pour moi, la vierge qui m'aime,
La vierge dont je suis épris, —

Les sultanes troublent le monde
Pour accomplir un de leurs vœux. —
La vierge qui m'aime est plus blonde
Que les sables sous les flots bleus.

Le duvet où leur front sommeille
Au poids de l'or s'amoncela. —
Rose, une rose est moins vermeille
Que la bouche de Leïla.

Elles ont la ceinture étroite,
Les perles d'or et le turban. —
Sa taille flexible est plus droite
Que les cèdres du mont Liban !

Le hamac envolé se penche
Et les berce en son doux essor. —
L'étoile au front des cieux est blanche,
Mais sa joue est plus blanche encor.

Elles ont la fête nocturne
Aux lueurs des flambeaux tremblants. —
Ses bras comme des anses d'urne
S'arrondissent polis et blancs.

Elles ont de beaux bains de marbre
Où sourit le ciel étoilé. —
Comme elle dormait sous un arbre,
J'ai vu son beau sein dévoilé.

Chaque esclave au tyran veut plaire
Comme chaque fleur au soleil. —
Elle n'a pas eu de colère
Quand j'ai troublé son cher sommeil,

Dans leurs palais d'or, prisons closes,
Leurs chants endorment leurs ennuis. —
Elle m'a dit tout bas des choses
Que je rêve tout haut les nuits !

Sa Hautesse les a d'un signe.
Il est le seul et le premier. —
Ses bras étaient comme la vigne
Qui s'enlace aux bras du palmier !

Quand un seul maître a cent maîtresses,
Un jour n'a pas de lendemain. —
Elle m'inondait de ses tresses
Pleines d'un parfum de jasmin !

Ce sont cent autels pour un prêtre,
Ou pour un seul char cent essieux. —
Nous avons cru voir apparaître
La neuvième sphère des cieux !

Quelquefois les sultanes lèvent
Un coin de leur voile en passant. —
Nous avions l'extase que rêvent
Les élus du Dieu tout puissant !

Mais ce crime est la perte sûre
Des amants, toujours épiés. —
Laissez-moi baiser sa chaussure
Et mettre mon front sous ses pieds !

Février 1841.

Vénus couchée

> D'un plus hault vol, d'aile mieux emplumée
> Ne la pouuoit rauir ce petit Dieu;
> Et ne pouuoit encor' en plus hault lieu,
> Ny en plus seur sa flamme estre allumée.
>
> IOACHIM DV BELLAY, *Inscriptions.*

L'ÉTÉ brille; Phœbus perce de mille traits,
En haine de sa sœur, les vierges des forêts,
Et dans leurs flancs brûlés de flammes vengeresses
Il allume le sang des jeunes chasseresses.
Dans les sillons rougis par les feux de l'été,
Entouré d'un essaim, le bœuf ensanglanté
Marche les pieds brûlants sous de folles morsures.
Tout succombe : au lointain les Nymphes sans ceintures
Avec leurs grands cheveux par le soleil flétris
Épongent leurs bras nus dans les fleuves taris,
Et, fuyant deux à deux le sable des rivages,
Vont cacher leurs ardeurs dans les antres sauvages.
  Dans le fond des forêts, sous un ciel morne et bleu,
Vénus, les yeux mourants et les lèvres en feu,

S'est couchée au milieu des grandes touffes d'herbe
Ainsi qu'une panthère indolente et superbe.
Dénouant son cothurne et son manteau vermeil,
Elle laisse agacer par les traits du soleil
Les beaux reins d'un enfant qui dort sur sa poitrine,
Et tandis que frémit sa lèvre purpurine,
Un ruisseau murmurant sur un lit de graviers,
Amoureux de Cypris, vient lui baiser les pieds.
  Sur son beau sein de neige Éros maître du monde
Repose, et les anneaux de sa crinière blonde
Brillent, et cependant qu'un doux zéphyr ami
Caresse la guerrière et son fils endormi,
Près d'eux gisent parmi l'herbe verte et la menthe
Les traits souillés de sang et la torche fumante.

Février 1841.

Pourquoi, courtisane,
Vendre ton amour,
La fleur diaphane,

La fleur diaphane
Que fleurit le jour
Et que la main fane,

La rose d'amour?

— Pourquoi, blond poëte,
Ouvrir au passant
Ta douleur muette,

Ta douleur muette,
Lys éblouissant
Que la foule jette

Et brise en passant?

— Ton cœur qui se pâme
Brûle pour chacun :
Tu souilles la flamme !

— Tu souilles la flamme !
Tout a son parfum :
La caresse et l'âme,

Dans tout, dans chacun !

— Mon hymne rapporte
Comme un souvenir
La croyance morte.

— La croyance morte
Ne peut revenir
Par la même porte,

Comme un souvenir ;

Mais quand l'amour cesse,
On vient l'allumer
A ma folle ivresse.

— Oh va! nulle ivresse
Ne peut ranimer
L'amour en détresse,

Ni le rallumer!

Février 1841.

Le Stigmate

> Et in fronte ejus nomen scriptum : Mysterium...
>
> *Apocalypsis*, caput xvii.

Une nuit qu'il pleuvait, un poëte profane
M'entraîna follement chez une courtisane
Aux épaules de lys, dont les jeunes rimeurs
Couronnaient à l'envi leur corbeille aux primeurs.
Donc, je me promettais une femme superbe
Souriant au soleil comme les blés en herbe,
Avec mille désirs allumés dans ces yeux
Qui reflètent le ciel comme les bleuets bleus.
　Je rêvais une joue aux roses enflammées,
Des seins très à l'étroit dans des robes lamées,
Des mules de velours à des pieds plus polis
Que les marbres anciens par Dypœne amollis,
Dans une bouche folle aux perles inconnues
La Muse d'autrefois chantant des choses nues,

Des Boucher fleurissants épanouis au mur,
Et des vases chinois pleins de pays d'azur.
Hélas! qui se connaît aux affaires humaines?
On se trompe aux Agnès tout comme aux Célimènes:
Toute prédiction est un rêve qui ment!
Ainsi jugez un peu de mon étonnement
Lorsque la Nérissa de la femme aux épaules
Vint, avec un air chaste et des cheveux en saules,
Annoncer nos deux noms, et que je vis enfin
L'endroit mystérieux dont j'avais eu si faim.

 C'était un oratoire à peine éclairé, grave
Et mystique, rempli d'une fraîcheur suave,
Et l'œil dans ce réduit calme et silencieux
Par la fenêtre ouverte apercevait les cieux.
Le mur était tendu de cette moire brune
Où vient aux pâles nuits jouer le clair de lune,
Et pour tout ornement on y voyait en l'air
La Melancholia du maître Albert Dürer,
Cet Ange dont le front, sous ses cheveux en ondes,
Porte dans le regard tant de douleurs profondes.
Sur un meuble gothique aux flancs noirs et sculptés
Parlant des voix du ciel et non des voluptés,
Souriait tristement une Bible entr'ouverte
Sur une tranche d'or ouvrant sa robe verte.

 Pour la femme, elle était assise, en peignoir brun,
Sur un pauvre escabeau. Ses cheveux sans parfum
Retombaient en pleurant sur sa robe sévère.
Son regard était pur comme une primevère

Humide de rosée. Un long chapelet gris
Roulait sinistrement dans ses doigts amaigris,
Et son front inspiré, dans une clarté sombre
Pâlissait tristement, plein de lumière et d'ombre !
  Mais bientôt je vis luire, en m'approchant plus près
Dans ce divin tableau, sombre comme un cyprès,
Dont mon premier regard n'avait fait qu'une ébauche,
Aux lèvres de l'enfant le doigt de la débauche,
Sur les feuillets du livre une tache de vin.
Et je me dis alors dans mon cœur : C'est en vain
Que par les flots de miel on déguise l'absinthe,
Et l'orgie aux pieds nus par une chose sainte.
Car Dieu, qui ne veut pas de tare à son trésor
Et qui pèse à la fois dans sa balance d'or
Le prince et la fourmi, le brin d'herbe et le trône,
Met la tache éternelle au front de Babylone !

  Février 1841.

Prosopopée d'une Vénus

> Si quelque Vénus toute nue
> Gémit, pauvre marbre désert,
> C'est lui dans la verte avenue
> Qui la caresse et qui la sert.
>
> VICTOR HUGO, *Les Voix
> intérieures.*

Hélas! devant le noir feuillage de cet arbre,
J'ai le cœur tout glacé dans ma robe de marbre,
Et par mes yeux, troués d'ulcères inconnus,
La pluie en gémissant pleure sur mes bras nus.
Entre mes pieds, jadis plus blancs que des étoiles,
Arachné lentement tisse de fines toiles,
Et tu n'es plus, Scyllis, pour que sous ton ciseau
Je me relève un jour souple comme un roseau!
    En ce temps où la fleur se cache sous les herbes,
Nul ne sait le secret de nos formes superbes,
Nul ne sait revêtir quelque rêve éclatant
De contours gracieux, et dans son cœur n'entend

L'harmonie imposante et la sainte musique
Où chantent les accords de la beauté physique !
Hélas ! qui me rendra ces jours pleins de clarté
Où l'on ne m'appelait que Vénus Astarté,
Où, seule, ma pensée habitait sous la pierre,
Mais où mon corps vivait dans la nature entière,
Où Glycère et Lydie, où Clymène et Phyllis
Portaient mes noms écrits sur leurs gorges de lys ;
Où, pour l'artiste élu qui pare et qui contemple,
Chaque âge avait un nom, chaque harmonie un temple ?

Oh ! trois et quatre fois malheur au siècle d'or
Où l'artiste éperdu foule aux pieds son trésor !
Car il ignore, hélas ! par quel grave mystère
Je venais pour instruire et féconder la terre,
Et pour épanouir dans mon type indompté
Le secret de l'extase et de la volupté !
Car à chaque morceau qui se brise et qui tombe
De mon vieux piédestal, la divine colombe
Que depuis trois mille ans je retiens dans ma main
Fait un nouvel effort pour s'ouvrir un chemin ;
Et, délaissant un jour l'enveloppe brisée,
Nous nous envolerons vers la voûte irisée,
Emportant toutes deux loin de ce monde vain,
La beauté dédaignée avec l'amour divin !

Février 1841.

L'Auréole

> Par le ciel, cette enfant est
> belle ; de ma vie je n'ai rien vu
> de pareil...
>
> Gœthe, *Faust*.

C'était la fin d'un bal ; nous étions presque à l'heure
Où sous la volupté l'archet frissonne et pleure,
Où sous les gants flétris les doigts serrent les doigts,
Où les fleurs et les pas, les rayons et les voix
Et la gaze envolée en un tourbillon frêle
Jettent au cœur troublé leur parfum qui se mêle ;
A l'heure où l'on croit voir en ces enivrements
Des maîtresses d'un jour caresser leurs amants,
Et les fresques sourire, et l'extase physique
Voler dans l'air, mêlée à des flots de musique !
 Tantôt c'était la joie, et le quadrille ardent
Qui se mêle et s'effare et s'élance en grondant,
Qui tantôt rit et chante en strophes inégales,
Puis s'arrête et bondit en éclats de cymbales,

Et penche sur les fronts plus d'un front endormi
Que des mots bégayés font rougir à demi !
Puis la valse emportant dans son rhythme, pensive
Comme un myosotis incliné sur la rive,
Une vierge aux yeux bleus, et dont l'accent vainqueur
La met si près de nous qu'on sent battre son cœur,
Et que, dans cette fièvre ardente et souveraine,
L'enfant, sans rien comprendre au charme qui l'entraîne,
Parmi le chœur immense, a l'air, en se penchant,
D'un ange fasciné par le démon du chant !

Comme dans la clarté les femmes étaient belles !
Celles-ci laissant voir, sous leurs cheveux rebelles,
Des rayons éblouis qui baisaient leurs fronts blancs ;
D'autres, les yeux voilés, comme des lys tremblants
Qui par un soir d'été pleurent sous la rafale,
Baissant leur cou soyeux veiné de tons d'opale ;
Toutes ivres d'amour, et pour l'œil enchanté,
Surpassant l'hyperbole et l'idéalité !
Et je noyais mes yeux dans ces cheveux en tresses,
Et je jetais mon âme à ces enchanteresses
Si pâles qu'on eût dit ces essaims de Willis
Qui sortent en dansant des corolles de lys !

Mais tout changea bientôt et je n'en vis plus qu'une :
De même, quand Phœbé sur le char de la lune
Apparaît dans les cieux de saphir et d'azur,
Tout se voile et s'efface, et son front seul est pur.
Celle que j'entrevis en oubliant les autres,
Madame, avait des yeux brillants comme les vôtres,

Des cheveux d'or, des mains qui n'avaient rien d'humain,
Et des pieds à tenir dans le creux de la main.
Ajoutez un cou mat de cette blancheur rare
Qui fait paraître jaune un marbre de Carrare,
Et deux bras qui prouvaient, ineffable collier,
Que Lysippe à Samos ne fut qu'un écolier !
Je cherchai donc en moi quelle rouerie exquise
Prendrait et séduirait cette blonde marquise
Plus rapide en sa course avec son front riant
Que n'était Lazzara, Camille d'Orient !

  Mais quand je m'approchai, je vis sa tête ceinte
D'un tel rayonnement de pudeur grave et sainte,
Il était si divin, le rhythme de ses pas,
Que, don Juan dérouté, je n'osai même pas
Comme le docteur Faust, en me penchant vers elle,
Lui dire à demi-voix : Ma belle demoiselle !

    Février 1841.

LES
Imprécations d'une Cariatide

> Que la cariatide, en sa lente révolte,
> Se refuse, enfin lasse, à porter l'archivolte
> Et dise : C'est assez !
>
> Victor Hugo, *Les Voix intérieures*

> C'est le réveil, le déchaînement et la vengeance des cariatides.
>
> Victor Hugo, *Le Rhin,* lettre xxiv.

Puisse le Dieu vivant dessécher la paupière
A qui m'a mise là vivante sous la pierre,
Et, comme un enfant porte un manteau de velours,
M'a forcée à porter ces édifices lourds,

Ces vieux murs en haillons, ces maisons condamnées,
Dont le gouffre est si plein de choses et d'années
Que je me sentirais moins de crispations
A tenir sur mon dos les Tyrs et les Sions
Que laissa choir le monde aux deux bras atlastiques,
Ou bien à soulever les vagues élastiques
Sommeillant à demi dans les noirs Océans
Comme dans son désert le troupeau des géants !
Si bien que mieux vaudrait sous la blonde phalange
Tomber, comme Jacob dans sa lutte avec l'ange,
Ou soutenir du front avec les yeux ouverts
Gœthe, dont la pensée était un univers !

Oh ! si le feu divin qui brûla les Sodomes,
Fait palpiter un jour ces pierres et ces dômes,
Ces clochetons à dents, ces larges escaliers
Que dans l'ombre une main gigantesque a liés,
Ces monolithes noirs qui n'ont fait qu'une rampe,
Ces monstres vomissants dont la cohorte rampe
De la fondation jusqu'à l'entablement,
Ces granits attachés impérissablement ;
Si ce monde sur eux se déchire et s'écroule
Sous le souffle embrasé de ce simoun que roule
Sans pitié l'ouragan des révolutions
Sur les peuples trop pleins de leurs pollutions ;
Si, dégageant alors son bras et sa mamelle
Du vieux mur qui gémit et qui souffre comme elle,
Ma colère à son tour peut jeter sur leur dos
Une expiation et choisir les fardeaux,

Je mettrai ce jour-là sur l'épaule des hommes,
Au lieu des monuments, tombeaux sous qui nous sommes,
Au lieu des clochetons et des granits quittés,
Le poids intérieur de leurs iniquités !

Février 1841.

LIVRE TROISIÈME

Erato

Nature, où sont tes Dieux ? O prophétique aïeule,
O chair mystérieuse où tout est contenu,
Qui pendant si longtemps as vécu de toi seule
Et qui sembles mourir, parle, qu'est devenu
Cet âge de vertu que chaque jour efface,
Où le sourire humain rayonnait sur ta face ?
Où s'est enfui le chœur de tes Olympiens ?
O Nature à présent désespérée et vide,
Jadis l'affreux désert des Éthiopiens
Sous le midi sauvage ou sous la nuit livide
Fut moins appesanti, moins formidable, et moins
Fait pour ce désespoir qui n'a pas de témoins,

Que tu ne m'apparais à présent tout entière,
Depuis que tu n'as plus ce chœur mélodieux
De tes fils immortels, orgueil de la Matière.
Aïeule au flanc meurtri, Nature, où sont tes Dieux?
 Jadis, avant, hélas! que l'Ignorance impie
T'eût dédaigneusement sous ses pieds accroupie,
Nature, comme nous tu vivais, tu vivais!
Avec leurs rocs géants, leurs granits et leurs marbres,
Les monts furent alors les immenses chevets
Où tu dormais la nuit dans ta ceinture d'arbres.
Les constellations étaient des yeux vivants,
Une haleine passait dans le souffle des vents;
Leur aile frissonnante aux sauvages allures
Qui brise dans les bois les grands feuillages roux,
En pliant les rameaux courbait des chevelures,
Et dans la mer, ces flots palpitants de courroux
Ainsi que des lions, qui sous l'ardente lame
Bondissent dans l'azur, étaient des seins de femme.
 Mais que dis-je, ô Dieux forts, Dieux éclatants, Dieux beaux,
Triomphateurs ornés de dépouilles sanglantes,
Porteurs d'arcs, de tridents, de thyrses, de flambeaux,
De lyres, de tambours, d'armes étincelantes,
Voyageurs accourus du ciel et de l'enfer,
Qui parmi les buissons de Sicile et de Corse
Avec vos cheveux blonds toujours vierges du fer
Parliez dans le nuage et viviez dans l'écorce,
Dieux exterminateurs des serpents et des loups,
Non, vous n'êtes pas morts! En vain l'homme jaloux

Dit que l'Érèbe a clos vos radieuses bouches :
Moi qui vous aime encor, je sais que votre voix
Est vivante, et vos fronts célestes, je les vois !
Je vois l'ardent Bacchus, Diane aux yeux farouches,
Vénus, et toi surtout dont le nom triomphant
Écrasera toujours leur espoir chimérique,
O Muse ! qui naguère et tout petit enfant
M'as choisi pour les vers et pour le chant lyrique !

   Nourrice de guerriers, louangeuse Érato !
Déjà le blanc cheval aux yeux pleins d'étincelles,
Impatient du libre azur, ouvre ses ailes
Et de ses pieds légers bondit sur le coteau.
Saisis sa chevelure, et dans l'herbe fleurie
Que le coursier t'emporte au gré de sa furie !
Puis quand tu reviendras, Muse, nous chanterons.
Va voir les durs combats, les grands chocs, les mêlées,
Des crinières de pourpre au vent échevelées,
Des blessures brisant les bras, trouant les fronts,
Et, comme un vin joyeux sort des vendanges mûres,
Le rouge flot du sang coulant sur les armures,
Et l'épée autour d'elle agitant ses éclairs,
Et les soldats avec une âme vengeresse
Bondissant, emportés par le chef aux yeux clairs.
 Va, mais que ni les rois, ni le peuple, ô Déesse,
Ne puissent te convaincre et changer ton dessein,
Car seule gouvernant les chants où tu les nommes,
Plus forte que la vie et le destin des hommes,
L'immuable Justice habite dans ton sein.

Puis tu délaceras ta cuirasse guerrière.
Alors, bravant l'orage effroyable et ses jeux,
Marche, tes noirs cheveux au vent, dans la clairière.
Va dans les antres sourds, gravis les rocs neigeux,
Près des gouffres ouverts et sur les pics sublimes
Qui fument au soleil, de glace hérissés,
Respire, et plonge-toi dans les fleuves glacés.
Muse, il est bon pour toi de vivre sur les cimes,
De sentir sur ton sein la caresse des airs,
De franchir l'âpre horreur des torrents sans rivages,
Et, quand les vents affreux pleurent dans les déserts,
De livrer ta poitrine à leurs bouches sauvages.

 Le flot aigu, le mont qu'endort l'éternité,
La forêt qui grandit selon les saintes règles
Vers l'azur, et la neige et les chemins des aigles
Conviennent, ô Déesse, à ta virginité.
Car rien ne doit ternir ta pureté première
Et souiller par un long baiser matériel
Ta belle chair, pétrie avec de la lumière.
Ton véritable amant, chaste fille du ciel,
Est celui qui, malgré ta voix qui le rassure
Et ton regard penché sur lui, n'oserait pas
D'une lèvre timide effleurer ta chaussure
Et baiser seulement la trace de tes pas.

 Oui, c'est moi qui te sers et c'est moi qui t'adore.
Viens ! ceux qu'on a crus morts, nous les retrouverons !
Les guerriers, les archers, les rois, les forgerons,
Les reines de l'azur aux fronts baignés d'aurore !

Viens, nous retrouverons le fils des rois Titans
Assis, la foudre en main, dans les cieux éclatants ;
Celle qui de son front jaillit, Déesse armée,
Comme jaillit l'éclair de la nue enflammée,
Et celui qui se plaît aux combats, dans les cris
D'horreur, et portant l'arc avec sa fierté mâle
Cette amante des bois, la chasseresse pâle
Qui court dans les sentiers par la neige fleuris
Et montre ses bras nus tachés du sang des lices ;
Celui qui dans les noirs marais vils et rampants
Exterminant les nœuds d'hydres et de serpents,
De ses traits lourds d'airain les tue avec délices ;
Puis, celui qui régit les Déesses des flots ;
Celui-là qu'on déchire en ses douleurs divines,
Qui meurt pour nous et, pour apaiser nos sanglots,
Dieu fort, renait vivant et chaud dans nos poitrines ;
Celle qui, s'élançant quand l'âpre hiver s'enfuit,
Ressuscite du noir enfer et de la nuit,
Et celle-là surtout, vierge délicieuse,
Qui fait grandir, aimer, naître, sourdre, germer,
Fleurir tout ce qui vit, et vient tout embaumer
Et fait frémir d'amour les chênes et l'yeuse,
Et fait partout courir le grand souffle indompté
De l'ardente caresse et de la volupté.
 Près de nous brilleront le sceptre que décore
Une fleur, le trident et, plus terrible encore,
La ceinture qui tient les désirs en éveil ;
L'épée au dur tranchant, belle et de sang vermeille,

Dont la lame d'airain pour la forme est pareille
A la feuille de sauge, et qui luit au soleil ;
L'arc, le thyrse léger, la torche qui flamboie ;
Et la grande Nature avec ses milliers d'yeux
Nous verra, stupéfaite en sa tranquille joie,
Voyageurs éblouis, lui ramener ses Dieux !

Février 1841.

A Vénus de Milo

O Vénus de Milo, guerrière au flanc nerveux,
Dont le front irrité sous vos divins cheveux
Songe, et dont une flamme embrase la paupière,
Calme éblouissement, grand poëme de pierre,
Débordement de vie avec art compensé,
Vous qui depuis mille ans avez toujours pensé,
J'adore votre bouche où le courroux flamboie
Et vos seins frémissants d'une tranquille joie.
  Et vous savez si bien ces amours éperdus
Que si vous retrouviez un jour vos bras perdus
Et qu'à vos pieds tombât votre blanche tunique,
Nos froideurs pâmeraient dans un combat unique,
Et vous m'étaleriez votre ventre indompté,
Pour y dormir un soir comme un amant sculpté !

    1er mars 1842.

A Victor Hugo

— 1842 —

Sur ton front brun comme la nuit,
Maître, aucun fil d'argent ne luit,
Et nul Décembre sacrilège,
    Ne met sa neige.

Pourtant, dans ton labeur sacré,
Tu te vois déjà vénéré,
O génie immense et tranquille,
    Comme un Eschyle.

A ta lèvre où passe un rayon
De la charmante Illusion,
La Gloire, innocente comme elle,
    Tend sa mamelle.

Tu braves l'oubli meurtrier,
Car l'ombre noire du laurier,
Que rien ne ternit et n'efface,
    Est sur ta face.

Près de toi, sous un clair manteau
Veille la chanteuse Érato,
Qui tourmente la sainte Lyre
    De son délire ;

Vers Oreste, son louveteau,
Fuyant sous le sombre couteau,
La Tragédie aux yeux de spectre
    Conduit Électre,

Et se mirant dans tes yeux clairs
Avec sa foudre et ses éclairs,
La mystérieuse Épopée
    Tient son épée.

Ces Muses se penchent vers toi
En te disant : Tu seras roi,
Et leurs yeux baignent de lumière
    Ta face altière.

Cependant tu souris au jour !
Le souffle embrasé de l'amour
Caresse encor de sa brûlure
    Ta chevelure ;

Ta lèvre, faite pour oser,
N'a pas épuisé le baiser
Délicieux de la jeunesse,
    Cette Faunesse,

Et ta joue heureuse, où nul pli
N'a creusé de sillon pâli,
Peut encore à la Piéride
    S'offrir sans ride.

Tel celui qu'on divinisa,
Lyœus, partait de Nysa,
Enfant encor, jeune et superbe,
    La joue imberbe,

Pour dompter l'Inde au ciel de feu,
Qui respire le lotus bleu
Et qui prend les poses subtiles
    De ses reptiles ;

Et qui près des flots radieux
Caresse et nourrit mille Dieux,
Parmi ses fleurs où l'écarlate
    Partout éclate !

Mais toi, Maître aux vœux absolus,
Tu poursuis une amante plus
Charmante qu'elle, une martyre
    Qui nous attire ;

C'est la vierge à l'œil irrité,
L'inéluctable Vérité
Qui montre sa blancheur d'étoile
    Nue et sans voile.

Captive dans la tour d'airain,
Comme une perle en son écrin,
Mille eunuques hideux la gardent
    Et la regardent.

Pour aller jusqu'à sa prison
Qu'on voit au bout de l'horizon,
Il faut franchir des monts, des cimes
    Et des abimes ;

Roi, pour gravir jusqu'à son cœur,
Il faudra terrasser, vainqueur,
Des hydres, des géants colosses,
    De noirs molosses ;

Mais elle tend ses blanches mains
Vers toi, qui viens par ses chemins
Et dont l'armure d'or flamboie
    Ivre de joie ;

Et toi, Désir âpre et vivant,
Tu ne peux t'arrêter avant
D'avoir sur sa lèvre farouche
    Posé ta bouche !

Janvier 1842.

A ma Mère

Madame Élisabeth Zélie de Banville

Mère, si peu qu'il soit, l'audacieux rêveur
    Qui poursuit sa chimère,
Toute sa poésie, ô céleste faveur !
    Appartient à sa mère.

L'artiste, le héros amoureux des dangers
    Et des luttes fécondes,
Et ceux qui, se fiant aux navires légers,
    S'en vont chercher des mondes,

L'apôtre qui parfois peut comme un séraphin
    Épeler dans la nue,
Le savant qui dévoile Isis, et peut enfin
    L'entrevoir demi-nue,

Tous ces hommes sacrés, élus mystérieux
    Que l'univers écoute,
Ont eu dans le passé d'héroïques aïeux
    Qui leur tracent la route.

Mais nous qui pour donner l'impérissable amour
    Aux âmes étouffées,
Devons être ingénus comme à leur premier jour
    Les antiques Orphées,

Nous qui, sans nous lasser, dans nos cœurs même ouvrant
    Comme une source vive,
Devons désaltérer le faible et l'ignorant
    Pleins d'une foi naïve,

Nous qui devons garder sur nos fronts éclatants,
    Comme de frais dictames,
Le sourire immortel et fleuri du printemps
    Et la douceur des femmes,

N'est-ce pas, n'est-ce pas, dis-le, toi qui me vois
    Rire aux peines amères,
Que le souffle attendri qui passe dans nos voix
    Est celui de nos mères ?

Petits, leurs mains calmaient nos plus vives douleurs,
    Patientes et sûres :
Elles nous ont donné des mains comme les leurs
    Pour toucher aux blessures.

Notre mère enchantait notre calme sommeil,
    Et comme elle, sans trêve,
Quand la foule s'endort dans un espoir vermeil,
    Nous enchantons son rêve.

Notre mère berçait d'un refrain triomphant
    Notre âme alors si belle,
Et nous, c'est pour bercer l'homme toujours enfant
    Que nous chantons comme elle

Tout poëte, ébloui par le but solennel
    Pour lequel il conspire,
Est brûlé d'un amour céleste et maternel
    Pour tout ce qui respire.

Et ce martyr, qui porte une blessure au flanc
    Et qui n'a pas de haines,
Doit cette extase immense à celle dont le sang
    Ruisselle dans ses veines.

O toi dont les baisers, sublime et pur lien !
    A défaut de génie
M'ont donné le désir ineffable du bien,
    Ma mère, sois bénie.

Et, puisque celle enfin qui l'a reçu des cieux
    Et qui n'est jamais lasse,
Sait encore se faire un joyau précieux
    D'un pauvre enfant sans grâce,

Va, tu peux te parer de l'objet de tes soins
  Au gré de ton envie,
Car ce peu que je vaux est bien à toi du moins,
  O moitié de ma vie !

Février 1842.

Conseil

Eh bien ! mêle ta vie à la verte forêt !
Escalade la roche aux nobles altitudes.
Respire, et libre enfin des vieilles servitudes,
Fuis les regrets amers que ton cœur savourait.

Dès l'heure éblouissante où le matin paraît,
Marche au hasard ; gravis les sentiers les plus rudes.
Va devant toi, baisé par l'air des solitudes,
Comme une biche en pleurs qu'on effaroucherait.

Cueille la fleur agreste au bord du précipice.
Regarde l'antre affreux que le lierre tapisse
Et le vol des oiseaux dans les chênes touffus.

Marche et prête l'oreille en tes sauvages courses ;
Car tout le bois frémit, plein de rhythmes confus,
Et la Muse aux beaux yeux chante dans l'eau des sources.

Juillet 1842.

Le Pressoir

A Auguste Vitu

Sans doute elles vivaient, ces grappes mutilées
Qu'une aveugle machine a sans pitié foulées !
Ne souffraient-elles pas lorsque le dur pressoir
A déchiré leur chair du matin jusqu'au soir,
Et lorsque de leur sein, meurtri de flétrissures,
Leur pauvre âme a coulé par ces mille blessures ?
Les ceps luxuriants et le raisin vermeil
Des coteaux, ces beaux fruits que baisait le soleil,
Sur le sol à présent gisent, cadavre infâme
D'où se sont retirés le sourire et la flamme !
Sainte vigne, qu'importe ! à la clarté des cieux
Nous nous enivrerons de ton sang précieux !
Que le cœur du poëte et la grappe qu'on souille
Ne soient plus qu'une triste et honteuse dépouille,
Qu'importe, si pour tous, au bruit d'un chant divin,
Ruisselle éblouissant le flot sacré du vin !

Mars 1842.

A Auguste Supersac

Auguste, mon très bon, qui toujours as fléchi
    Pour les yeux en amande,
Sais-tu qu'hier matin j'ai beaucoup réfléchi
    Et que je me demande

Pourquoi décidément ce monde où nous rions
    A tant de choses sombres,
Et pourquoi Dieu n'a mis que de faibles rayons
    Dans un océan d'ombres?

Pourquoi les champs, les prés, les montagnes, les cieux,
    Les forêts, les prairies,
Ne sont pas tout soleil, comme ces vases bleus
    Pleins de chinoiseries ?

Pourquoi près de l'éloge, ô mon alter ego !
    Rampe la diatribe,
Près du Musset charmant et du Victor Hugo
    Le Bourgeois et le Scribe ?

Pourquoi la belle femme incessamment voudra
        Être le lot d'un pleutre,
Et pourquoi nous allons étonner Sumatra
        Par nos chapeaux de feutre ?

Pourquoi de la cithare et du haut brodequin
        Le trépas se combine,
Et pourquoi c'est toujours ce vieux fat d'Arlequin
        Dont s'éprend Colombine ?

Pourquoi nous achetons avec un vrai transport
        Tant de meubles rocaille,
Et pourquoi dans le lit, lorsque l'Amour s'endort,
        La Satiété bâille ?

Pourquoi tout ce qui brille est, excepté l'argent,
        Un bagage inutile ?
Pourquoi rampe toujours au fond du lac changeant
        Quelque hideux reptile ?

Quand on aurait pu faire un monde jeune et beau
        Plein de choses sans voiles,
Où tout serait zéphyr, où tout serait flambeau
        Et pensives étoiles !

Où sur des fleuves d'or et sur l'azur sans fin
        Des eaux mélancoliques,
On aurait à son gré l'épaule d'un dauphin
        Pour voitures publiques !

Où, comme telle Agnès avec un seul jupon
      Notre terre étant plate,
On verrait d'ici luire au pays du Japon
      Une fleur écarlate !

Comme on retrancherait le chemin du tombeau,
      Ce chemin où nous sommes,
Et qu'en ce pays-là chacun serait très beau,
      Les femmes et les hommes,

L'Enfant Amour saurait à l'âme de chacun
      Souffler ses folles gammes,
Et viendrait caresser d'un céleste parfum
      Les hommes et les femmes.

Au lieu de nos brigands dont le flâneur risqua
      De subir les principes,
Les routes n'auraient plus que des fleurs d'angsoka
      Et de larges tulipes.

On y verrait courir sous leurs diamants lourds,
      Et pleines de folie,
En souliers de satin, en robes de velours,
      Rosalinde et Célie.

Nous serions leurs amants et leurs amphitryons,
      Et pour nos équipages,
Nous autres Orlandos, nous les habillerions
      En casaques de pages.

Alors elles iraient, en pourpoint mi-parti,
        Chercher des coupes pleines
De ce nectar divin, le Lacryma-Christi,
        Qui coulerait aux plaines.

Et comme elles seraient notre ange, notre amour
        Et notre page rose,
Elles nous serviraient de compagnons le jour,
        Et la nuit d'autre chose.

Ou bien elles auraient des arcs et des carquois
        En chasseurs d'alouettes,
Nous diraient des chansons, rouleraient de leurs doigts
        Nos molles cigarettes,

Avec la soie et l'or feraient pour les amants
        De merveilleuses trames,
Déchireraient en bloc nos vers et nos romans
        Et brûleraient nos drames.

J'oubliais de te dire, à ce qu'il me paraît,
        Une chose importante !
Comme ici-bas, chacun, où bon lui semblerait,
        Pourrait planter sa tente,

Et libre d'être gueux et de tenir son rang
        Sous la tiède atmosphère,
Sans écrire de prose et sans verser de sang
        Y vivre à ne rien faire;

Tous les gens que la Mort a mis sur les genoux
  Et couverts de son aile.
Pourraient se réveiller pour goûter avec nous
  Cette vie éternelle.

Alors, observateurs, refaisant un travail
  D'époques espacées,
Nous pourrions ce jour-là choisir dans le sérail
  Des nations passées ;

Faire avec Cléopâtre, ange, femme et bourreau,
  Un gueuleton insigne,
Et, comme Léander, aller chercher Héro
  En nageant comme un cygne ;

Courtiser Messaline, infante aux sens troublés,
  Très belle, quoi qu'on fasse,
Ou Camille, aux bras nus, qui courait sur les blés
  Sans courber leur surface ;

Avoir Ève, Judith, Phèdre, Hélène, Thisbé,
  Suzanne, ce prodige,
Marion, cette fange où l'or pur est tombé,
  Toi, Vénus Callipyge !

Il me semble que tout serait rare et profond
  Dans cette fête énorme,
Et qu'on y trouverait son compte pour le fond
  Autant que pour la forme.

Pourquoi partout le mal vient-il donc à son tour ?
 Près du berceau la tombe,
Le bourbier près du flot de cristal, le vautour
 Auprès de la colombe ?

Pourquoi l'abîme creux sous le gazon des champs,
 Dont nos âmes sont aises ?
Pourquoi sous les beaux yeux et les limpides chants
 Tant de choses mauvaises ?

C'est peut-être que Dieu, qui met le diamant
 Dans une pierre close
Et le serpent sous l'herbe, a placé son aimant
 Au fond de chaque chose.

Et, comme en chaque rêve adorable ou fatal,
 En tout ce qui respire,
C'est toujours sous le bien que se cache le mal,
 Et le beau sous le pire ;

Où l'un trouve à plaisir des monstres effrayés
 Et des replis sans nombre,
L'autre voit des gazons et des chemins frayés,
 Pleins d'harmonie et d'ombre.

Ainsi, quand des méchants contre le feu vainqueur
 La colère s'édente,
Nous autres, nous savons au fond de notre cœur
 Garder la lampe ardente.

Qu'ils voient dans l'avenir et couvent dans leur sein
         Le malheur et l'envie,
Le calcul soucieux de quelque noir dessein
         Qui leur use la vie !

Mais nous, insoucieux du mal et du tombeau,
         Tournons les yeux sans cesse
Vers ce que Dieu jeta de suave et de beau
         Parmi notre paresse !

Les chansons des oiseaux chez nous expatriés,
         Les transparentes gazes,
Les tulipes en or, les champs coloriés,
         Les caprices des vases,

Les lyres, les chansons, les horizons de feu,
         Le zéphyr qui se pâme !
Pourquoi chercher ailleurs l'azur du pays bleu ?
         Nous l'avons dans notre âme.

Avril 1842.

Les Caprices

EN DIZAINS

A LA MANIÈRE DE CLÉMENT MAROT

I

CONGÉ

Ça, qu'on me laisse, Amour, petit maraud.
Va! donne-moi la paix; je veux écrire,
A la façon de mon aïeul Marot,
Qui dans son temps n'eut jamais de quoi frire,
Quelques Dizains, car il est temps de rire.
Donc, loin de moi le vulgaire odieux!
Et d'un vaillant effort, s'il plaît aux Dieux,
J'en veux polir, dans mes rimes hardies,
Autant qu'Homère, esprit mélodieux,
En son poëme a fait de rhapsodies.

11

LE VALLON

Dans ce Vallon ne cherchez pas des fleurs,
Ou bien un vol d'insectes vers la nue
Ou le babil des oiseaux querelleurs.
Non, frémissant d'une horreur inconnue
Jusqu'en ses os, la Terre est toute nue.
Rien. C'est le deuil, le silence, la mort,
Et sur le sol, par un constant effort,
Les ouragans ont jeté leur ravage;
Mais sous le vent avide qui le mord,
Ici grandit un lys pur et sauvage.

III

FÊTE GALANTE

Voila Silvandre et Lycas et Myrtil,
C'est aujourd'hui fête chez Cydalise.
Enchantant l'air de son parfum subtil,
Au clair de lune où tout s'idéalise
Avec la rose Aminthe rivalise.
Philis, Églé, que suivent leurs amants,
Cherchent l'ombrage et les abris charmants;
Dans le soleil qui s'irrite et qui joue,
Luttant d'orgueil avec les diamants,
Sur leur chemin le Paon blanc fait la roue.

IV

L'ÉTANG

Dans la clairière ouverte, un vent d'orage
Passait ; le tremble au doux feuillage blanc
De sa morsure avait subi l'outrage ;
Dans le miroir sinistre de l'étang
Se reflétait une lueur de sang ;
Le sombre ciel d'airain qui brûle et pèse
Couvrait de nuit le chêne et le mélèze ;
L'embrasement et la pourpre des soirs
Parmi cette ombre allumaient leur fournaise,
Et j'entendis chanter les Cygnes noirs.

V

LES BERGERS

Amaryllis rit au pâtre Daphnis,
Tout en courant pour rassembler ses chèvres ;
Voici le vieux Damon avec son fils,
Néère ayant une pomme à ses lèvres,
Et l'air est plein de murmure et de fièvres.
Le zéphyr passe, heureux d'éparpiller
Les noirs cheveux ; lasse de sommeiller,
Phyllis accourt vers le chant qui l'attire
Et sous le hêtre on entend gazouiller,
Comme un oiseau, la flûte de Tityre.

VI

PIERROT

Le bon Pierrot, que la foule contemple,
Ayant fini les noces d'Arlequin,
Suit en songeant le boulevard du Temple.
Une fillette au souple casaquin
En vain l'agace avec son œil coquin ;
Et cependant mystérieuse et lisse
Faisant de lui sa plus chère délice,
La blanche Lune aux cornes de taureau
Jette un regard de son œil en coulisse
A son ami Jean Gaspard Deburau.

VII

SÉRÉNADE

Las! Colombine a fermé le volet,
Et vainement le chasseur tend ses toiles,
Car la fillette au doux esprit follet,
De ses rideaux laissant tomber les voiles,
S'est dérobée, ainsi que les étoiles.
Bien qu'elle cache à l'amant indigent
Son casaquin pareil au ciel changeant,
C'est pour charmer cette beauté barbare
Que remuant comme du vif-argent,
Arlequin chante et gratte sa guitare.

VIII

LA COMÉDIE

Yeux noirs, yeux bleus, cheveux bruns, cheveux d'or,
Beaux chérubins joufflus comme des pommes,
Bouches de rose, amour, espoir, trésor,
Troupeau charmé, fillettes, petits hommes,
Anges et fleurs qu'en souriant tu nommes,
Orgueil humain justement ébloui,
Tous ces bandits à l'œil épanoui,
Sur leurs fronts purs ayant l'aube éternelle,
Battent des mains au vieux drame inouï
Du Commissaire et de Polichinelle.

IX

BAL MASQUÉ

Blancs, jaunes, bleus, roses, comme la foudre,
Les Débardeurs, farouches escadrons
De leurs cheveux faisant voler la poudre,
Passent, nombreux comme des moucherons,
Sous l'ouragan des cors et des clairons.
L'affreux galop furieux se prolonge,
D'un élan fou dans la clarté se plonge,
Chœur effréné qui jamais ne se rompt,
Et, dans un coin pensif, Gavarni songe
Que tout ce peuple est sorti de son front.

X

PARADE

La Saltimbanque aux yeux pleins de douceur
Frappe et meurtrit les cymbales sonores.
Son front, semé de taches de rousseur,
Est plus brûlé que les rivages mores
Et rouge encor du baiser des aurores.
Charmante, elle a des bijoux de laiton ;
Pour égayer son maillot de coton,
Elle a brodé sur sa jupe une guivre ;
Ses cheveux, noirs comme le Phlégéton,
Sont enfermés dans un cercle de cuivre.

XI

ENFIN MALHERBE VINT...

C'était l'orgie au Parnasse, la Muse
Qui par raison se plaît à courir vers
Tout ce qui brille et tout ce qui l'amuse,
Éparpillait les rubis dans ses vers.
Elle mettait son laurier de travers.
Les bons rhythmeurs, pris d'une frénésie,
Comme des Dieux gaspillaient l'ambroisie ;
Tant qu'à la fin, pour mettre le holà
Malherbe vint, et que la Poésie,
En le voyant arriver, s'en alla.

XII

HEINE

Comme Phœbos, après l'avoir branché,
Heine toujours portait la peau sanglante
D'un Marsyas qu'il avait écorché.
Pour un amant de la rime galante
Cette manière est un peu violente.
O noirs pavots! horrible floraison!
Mais le Satyre à la comparaison
Ne peut gagner, s'il entreprend la lutte,
Et les porteurs de lyre ont eu raison
En écorchant le vain joueur de flûte.

XIII

LES PARIAS

Oh! je voudrais sur leur front innocent
Baiser tous ceux qu'on raille et qu'on opprime!
Dieux! apporter le malheur en naissant!
Toi qui sais tout, mystérieuse Rime,
Dis-moi pourquoi la tendresse est un crime.
La Terre noire à l'homme triste et vain
Prodigue tout, les blés d'or, le doux vin;
Mais qu'elle fut une amère nourrice,
L'inépuisable aïeule au flanc divin,
Pour l'Ane triste et pour le doux Jocrisse!

XIV

TRUMEAU

Dans un panneau de la chambre à coucher,
Je me rappelle encore une Diane
Au sein charmant, caprice de Boucher.
Un flot d'Amours chasseurs en caravane
Sourit aux lys de sa chair diaphane ;
A son front pur étincelle un croissant,
Et, sur le bord d'un ruisseau caressant,
On voit briller, nonchalamment jetée,
Sous un rayon de lune éblouissant,
La cuisse blanche et de rose fouettée.

XV

LES ROSES

Lorsque le ciel de saphir est en feu,
Lorsque l'Été de son haleine touche
La folle Nymphe amoureuse, et par jeu
Met un charbon rougissant sur sa bouche;
Quand sa chaleur dédaigneuse et farouche
Fait tressaillir le myrte et le cyprès,
On sent brûler sous ses magiques traits
Des fronts blêmis et des lèvres décloses
Et le riant feuillage des forêts,
Et vous aussi, cœurs enflammés des Roses!

XVI

IMPÉRIA

Aux longs baisers offrant sa joue imberbe,
Sous les lambris du palais Doria,
Un tout jeune homme en fleur, pâle et superbe,
Est aux genoux charmants d'Impéria,
Tenant ses mains qu'Amour coloria.
Dans les langueurs d'une molle paresse,
Il sait ravir la grande enchanteresse;
La profondeur vague de l'Océan
En sa prunelle où rit une caresse
Joue, orgueilleuse et folle, et c'est don Juan.

XVII

LE LILAS

O floraison divine du Lilas,
Je te bénis, pour si peu que tu dures !
Nos pauvres cœurs de souffrir étaient las :
Enfin l'oubli guérit nos peines dures.
Enivrez-nous, fleurs, horizons, verdures !
Le clair réveil du matin gracieux
Charme l'azur irradié des cieux ;
Mai fleurissant cache les blanches tombes,
Tout éclairé de feux délicieux,
Et l'air frémit, blanc des vols de colombes.

XVIII

HAMLET

Oh! tu pouvais porter la noble armure
Et, blond héros, faucher au grand soleil
Tes ennemis, comme une moisson mûre,
Et resplendir, aux Dieux même pareil,
Dans la poussière et dans le sang vermeil.
Et cependant, enfant sevré de gloire,
Tu sens courir dans la nuit dérisoire,
Sur ton front pâle, aussi blanc que du lait,
Ce vent qui fait voler ta plume noire
Et te caresse, Hamlet, ô jeune Hamlet!

XIX

LA FORÊT

Enfuyons-nous, mes amis! se peut-il
Qu'à ces bourgeois le destin nous condamne?
Allons revoir, dans le rêve subtil
Où son amant se fait gratter le crâne,
Titania baisant la tête d'âne.
Partons, avec nos appâts d'oiseleurs!
Cherchons les doux sommeils ensorceleurs;
Allons au bois riant où Puck s'attarde,
Voir Fleur des Pois et sur son lit de fleurs
Bottom, avec monsieur Grain de Moutarde.

XX

CHÉRUBIN

O Chérubin! jeunesse, extase, amour,
Toi qu'en jouant Rosine déshabille,
Tu t'éveillais et tu riais au jour,
Et tu suivais, bel ange aux airs de fille,
Affriolé par sa noire mantille,
Fanchette ou bien madame Figaro.
Tu t'enivrais de l'odeur du sureau,
Puis tu posais ton front blanc sur les marbres,
Et tu venais comme un petit chevreau,
Mordre les fleurs et l'écorce des arbres!

XXI

AVEU

Tes folles dents sont cruelles, dit-on,
Mais je te crois mieux qu'un docteur en chaire.
Égorge-moi d'ailleurs, je suis mouton,
Je suis gibier; chasseresse ou bouchère
Comme on voudra, ta guenille m'est chère.
A manier les ciseaux, Dalila,
Tu fus experte, et le sang ruissela
Pour tes beaux yeux sous les murs de Pergame,
Je le sais bien; mais quand tu n'es pas là,
Comme on s'ennuie, ô femme! femme! femme!

XXII

PALINODIE

Oui, j'ai menti comme tous mes collègues !
Pour faire voir ma bravoure à crédit,
Je t'ai crié : Va ! fuis ! tire tes grègues !
Je t'ai chassé, pauvre petit bandit :
Mais bah ! mettons que je n'avais rien dit.
Prends, si tu veux, la poudre d'escampette,
Lève le camp sans tambour ni trompette,
Je saurai bien te suivre, si tu fuis :
Car, en effet, comme dit le Poëte,
Méchant Amour, de ta suite, j'en suis !

XXIII

LE DIVAN

Dans le boudoir où pareils à des strophes
Sont mariés les superbes accords
Des lourds tapis et des sombres étoffes,
L'obscurité de ces profonds décors
Brille et s'allume au flamboiement des ors.
Jeanne est couchée au milieu des fleurs rares ;
Et cependant que ses joyaux barbares
Dans cette nuit jettent des feux sanglants,
Sur les coussins ornés de fleurs bizarres
Un doux rayon fait briller ses pieds blancs.

XXIV

SAGESSE

Sur ce divan couvert d'amples fourrures,
Comme un guerrier vainqueur des Sarrasins
Je me repose, en fermant les serrures,
Puisque j'ai fait mes vingt-quatre dizains.
Muse au beau front couronné de raisins,
O Thalia, narguons les élégies !
Oui, je veux fuir, (ce sont là mes orgies,)
Tous les bourgeois, pendant un jour entier ;
J'allumerai des feux et des bougies,
Et je lirai les strophes de Gautier.

Juillet 1842.

A Madame Caroline Angebert

Chanter, mais dans le soir sonore
Et pour ses amis seulement,
Fuir le bruit qui nous déshonore
Et le vil applaudissement;

Brûler, mais conserver sa flamme
Pour le seul but essentiel,
Être cette espérance, une âme
Qui chaque jour s'emplit de ciel;

Avec une pensée insigne
Qui vous berce dans ses éclairs,
Vivre, blanche comme le cygne
Parmi les flots dorés et clairs;

Ne rien chercher que la lumière,
S'envoler toujours loin du mal
Sur les ailes de la Prière,
Jusqu'au glorieux idéal;

Sentir l'Ode au grand vol qui passe
En ouvrant ses ailes sans bruit,
Mais ne lui parler qu'à voix basse
Dans le silence et dans la nuit;

Rappeler sa pensée errante
Dans les pourpres de l'horizon;
Être cette fleur odorante
Qui se cache dans le gazon;

Telle est votre gloire secrète,
Esprit de flammes étoilé,
Dont l'inspiration discrète
Fait tressaillir un luth voilé !

Ah ! que la grande poëtesse,
Devant les vastes flots déserts
Maudissant la bonne Déesse,
Jette sa plainte dans les airs !

Que la douloureuse Valmore,
En arrachant l'herbe et les fleurs,
Montre à l'insoucieuse aurore
Ses beaux yeux brûlés par les pleurs !

Mais celle qui pourrait comme elles
Suivre le grand aigle irrité,
Et qui domptant ses maux rebelles
Se résigne à l'obscurité,

Celle-là, guérie en ses veines,
Sent le calme victorieux
Triompher des angoisses vaines;
Et ces êtres mystérieux

Dont l'invincible souffle enchante
Ce qui vit et ce qui fleurit,
Disent entre eux lorsqu'elle chante :
Écoutons-la, c'est un esprit.

Avril 1842.

Aux Amis de Paul

O Seigneur ! que fais-tu des voix et des yeux d'ombre
  Et des pleurs à genoux !
La nuit silencieuse avec son aile sombre
  A passé devant nous.

Hier, nous étions tous réunis, jeunes hommes
  Aux rêves palpitants,
Gais, faisant rayonner sur la route où nous sommes
  La foi de nos vingt ans ;

Sages bohémiens aux colères frivoles,
  Aimant au jour le jour,
Et ne disant jamais que de bonnes paroles
  D'espérance ou d'amour.

Et cependant, au lieu d'échanger sans mystère
  Mille riants propos,
Nous avions tous le front incliné vers la terre
  Dans un morne repos.

C'est que la terre, hélas! cet asile et ce havre
   De plaines et de monts,
Venait, hier encor, d'engloutir un cadavre
   De ceux que nous aimons ;

C'est qu'il faut ici-bas que l'heureuse promesse
   N'ait pas de lendemain,
Et qu'il dort maintenant, l'ami plein de jeunesse
   Qui nous serrait la main !

Il dort comme autrefois, mais c'est sous une pierre
   Que fouleront nos pas,
Et la nuit l'enveloppe, et sa jeune paupière
   Ne se rouvrira pas !

Et quand les fleurs de Mai fleuriront sous la glace
   Pour une autre saison,
Sur la terre foulée et sur la même place
   Renaîtra le gazon.

Alors tout sera dit. Parmi les rameaux d'arbre
   Et les touffes de fleurs
Les regards du passant verront à peine un marbre
   Taché de quelques pleurs.

Alors, sans y penser davantage, la foule
   Aux regards effrayés
Suivra docilement le ruisseau qui s'écoule
   Dans les chemins frayés.

Mais nous qui savons tous combien son cher sourire
    Fut charmant et vainqueur,
Et qui dans son regard avons toujours vu luire
    Un reflet de son cœur,

Soit que la joie à flots verse dans nos poitrines
    Ses trésors épanchés,
Ou que l'ennui morose et les tristes ruines
    Courbent nos fronts penchés,

Nous dirons à la Mort : Pourquoi donc sous ton aile
    As-tu mis le meilleur
De ceux qui nous prenaient une part fraternelle
    De joie et de douleur?

Paul qui sentait jadis de chauds baisers de flamme
    Sur son front jeune et beau,
N'a pour le caresser à présent, corps sans âme,
    Que le ver du tombeau.

Oh! n'éprouve-t-il pas dans un terrible songe
    Mille frissons nerveux,
Quand l'insecte, caché dans son orbite, ronge
    Son crâne sans cheveux!

Et pensant à sa vie, à l'aurore si brève
    Qui sur son front a lui,
Nous baisserons la tête, et comme dans un rêve
    Nous pleurerons sur lui.

Car il était de ceux pour qui la vie est douce
    Et sur qui cette mer
Qu'un ouragan sur nous incessamment repousse,
    N'a rien laissé d'amer.

Eh bien! en regardant ceux qui vivent ou meurent,
    Ces destins répartis,
Dieu sait ceux qu'il faut plaindre, ou bien ceux qui demeurent
    Ou ceux qui sont partis!

Car tandis qu'ici-bas des mains impérieuses
    Bâillonnent tous nos chants,
Et qu'il nous faut lutter contre les voix rieuses
    Et les hommes méchants;

Quand nous cueillons la fleur ou l'amante profane
    Avec un doux serment,
Et lorsque sur nos cœurs la fleur rose se fane
    Et que la lèvre ment;

Quand versant les trésors dont notre âme est si pleine,
    Dans le riant matin
Nous marchons, à travers une sinistre plaine,
    Vers le but si lointain,

Lui que nous croyons voir, ô folle rêverie!
    D'un œil épouvanté,
Goûte suavement sans que rien le varie,
    Le repos si vanté.

Les bruits que font ici les hommes et les choses
  Battus par leurs destins,
Ne parviennent là-bas qu'à travers mille roses,
  Comme des chants lointains.

Et l'Ame délivrée, auguste sœur des vierges,
  Être immatériel,
Vole, blanche, à travers les draps noirs et les cierges,
  Vers les palais du ciel !

Car ils avaient raison, ces sages aux longs jeûnes
  Qui sous un ciel de feu
Disaient : Tout est néant, et ceux qui meurent jeunes
  Sont les aimés de Dieu !

Mai 1842.

Sieste

La sombre forêt, où la roche
Est pleine d'éblouissements
Et qui tressaille à mon approche,
Murmure avec des bruits charmants.

Les fauvettes font leur prière ;
La terre noire, après ses deuils
Refleurit, et dans la clairière
Je vois passer les doux chevreuils.

Voici la caverne des Fées
D'où fuyant vers le bleu des cieux,
Montent des chansons étouffées
Sous les rosiers délicieux.

Je veux dormir là toute une heure
Et goûter un calme sommeil,
Bercé par le ruisseau qui pleure
Et caressé par l'air vermeil.

Et tandis que dans ma pensée
Je verrai, ne songeant à rien,
Une riche étoffe tissée
Par quelque Rêve aérien,

Peut-être que sous la ramure
Une blanche Fée en plein jour
Viendra baiser ma chevelure
Et ma bouche folle d'amour.

Avril 1842.

Sous bois

A travers le bois fauve et radieux,
Récitant des vers sans qu'on les en prie,
Vont, couverts de pourpre et d'orfèvrerie,
Les Comédiens, rois et demi-dieux.

Hérode brandit son glaive odieux;
Dans les oripeaux de la broderie,
Cléopâtre brille en jupe fleurie
Comme resplendit un paon couvert d'yeux.

Puis, tout flamboyants sous les chrysolithes,
Les bruns Adonis et les Hippolytes
Montrent leurs arcs d'or et leurs peaux de loups.

Pierrot s'est chargé de la dame-jeanne.
Puis après eux tous, d'un air triste et doux
Viennent en rêvant le Poëte et l'Ane.

26 janvier 1842.

O jeune Florentine à la prunelle noire,
Beauté dont je voudrais éterniser la gloire,
Vous sur qui notre maître eût jeté plus de lys
Que devant Galatée ou sur Amaryllis,
Vous qui d'un blond sourire éclairez toutes choses
Et dont les pieds polis sont pleins de reflets roses,
Hier vous étiez belle, en quittant votre bain,
A tenter les pinceaux du bel ange d'Urbin.
O colombe des soirs! moi qui vous trouve telle
Que j'ai souvent brûlé de vous rendre immortelle,
Si j'étais Raphaël ou Dante Alighieri
Je mettrais des clartés sur votre front chéri,
Et des enfants riants, fous de joie et d'ivresse,
Planeraient, éblouis, dans l'air qui vous caresse.
Si Virgile, ô diva! m'instruisait à ses jeux,
Mes chants vous guideraient vers l'Olympe neigeux
Et l'on y pourrait voir sous les rayons de lune,
Près de la Vénus blonde une autre Vénus brune.

Vous fouleriez ces monts que le ciel étoilé
Regarde, et sur le blanc tapis inviolé
Qui brille, vierge encor de toute flétrissure,
Les Grâces baiseraient votre belle chaussure !

Mai 1832.

En habit zinzolin

> Vous avez tant d'Iris, de Philis, d'Amarantes...
>
> MOLIÈRE, *Les Femmes sçavantes,*
> acte V, scène 1.

I

RONDEAU, A ÉGLÉ

Entre les plis de votre robe close
On entrevoit le contour d'un sein rose,
Des bras hardis, un beau corps potelé,
Suave, et dans la neige modelé,
Mais dont, hélas ! un avare dispose.

Un vieux sceptique à la bile morose
Médit de vous et blasphème, et suppose
Qu'à la nature un peu d'art s'est mêlé
    Entre les plis.

Moi, qu'éblouit votre fraîcheur éclose,
Je ne crois pas à la métamorphose.
Non, tout est vrai ; mon cœur ensorcelé
N'en doute pas, blanche et rieuse Églé,
Quand mon regard, comme un oiseau, se pose
      Entre les plis.

II

TRIOLET, A PHILIS

Si j'étais le Zéphyr ailé,
J'irais mourir sur votre bouche.
Ces voiles, j'en aurais la clé
Si j'étais le Zéphyr ailé.
Près des seins pour qui je brûlai
Je me glisserais dans la couche.
Si j'étais le Zéphyr ailé,
J'irais mourir sur votre bouche.

III

RONDEAU, A ISMÈNE

Oui, pour le moins, laissez-moi, jeune Ismène,
Pleurer tout bas; si jamais, inhumaine,
J'osais vous peindre avec de vrais accents
Le feu caché qu'en mes veines je sens,
Vous gémiriez, cruelle, de ma peine.

Par ce récit, l'aventure est certaine,
Je changerais en amour votre haine,
Votre froideur en désirs bien pressants,
   Oui, pour le moins.

Échevelée alors, ma blonde reine,
Vos bras de lys me feraient une chaîne,
Et les baisers des baisers renaissants
M'enivreraient de leurs charmes puissants;
Vous veilleriez avec moi la nuit pleine,
   Oui, pour le moins.

IV

TRIOLET, A AMARANTE

Je mourrai de mon désespoir
Si vous n'y trouvez un remède.
Exilé de votre boudoir,
Je mourrai de mon désespoir.
Pour votre toilette du soir
Bien heureux celui qui vous aide !
Je mourrai de mon désespoir
Si vous n'y trouvez un remède.

V

RONDEAU REDOUBLÉ, A SYLVIE

Je veux vous peindre, ô belle enchanteresse,
Dans un fauteuil ouvrant ses bras dorés,
Comme Diane, en jeune chasseresse,
L'arc à la main et les cheveux poudrés.

Sur les rougeurs d'un ciel aux feux pourprés
Quelquefois passe un voile de tristesse,
Voilà pourquoi, lorsque vous sourirez,
Je veux vous peindre, ô belle enchanteresse!

Vous serez là, frivole et charmeresse,
Parmi les fleurs des jardins adorés
Où doucement le zéphyr vous caresse
Dans un fauteuil ouvrant ses bras dorés.

Auprès de vous, Madame, vous aurez
Le lévrier qui folâtre et se dresse,
Et le carquois plein de traits désœuvrés,
Comme Diane en jeune chasseresse.

Mais n'allez pas, fugitive déesse,
Chercher, pieds nus, par les bois et les prés
Un berger grec, et pâlir de tendresse,
L'arc à la main et les cheveux poudrés.

Heureusement le cadre d'or qui blesse
Vous retiendra dans ses bâtons carrés,
Et sauvera votre antique noblesse
D'enlèvements trop inconsidérés.
  Je veux vous peindre.

VI

MADRIGAL, A CLYMÈNE

Quoi donc ! vous voir et vous aimer
Est un crime à vos yeux, Clymène,
Et rien ne saurait désarmer
Cette rigueur plus qu'inhumaine !
Puisque la mort de tout regret
Et de tout souci nous délivre,
J'accepte de bon cœur l'arrêt
Qui m'ordonne de ne plus vivre.

VII

RONDEAU REDOUBLÉ, A IRIS

Quand vous venez, ô jeune beauté blonde,
Par vos regards allumer tant de feux,
On pense voir Cypris, fille de l'Onde,
Épanouir et les Ris et les Jeux.

Chacun, épris d'un désir langoureux,
Souffre une amour à nulle autre seconde,
Et lentement voit s'entr'ouvrir les cieux
Quand vous venez, ô jeune beauté blonde !

S'il ne faut pas que votre chant réponde
Un mot d'amour à nos chants amoureux,
Pourquoi, Déesse à l'âme vagabonde,
Par vos regards allumer tant de feux ?

Laissez au vent flotter ces doux cheveux
Et découvrez cette gorge si ronde,
Si jusqu'au bout il vous plaît qu'en ces lieux
On pense voir Cypris, fille de l'Onde.

Car chacun boit à sa coupe féconde
Lorsqu'elle vient à l'Olympe neigeux
Sur les lits d'or que le plaisir inonde
Épanouir et les Ris et les Jeux.

Donc, allégez ma souffrance profonde.
C'est trop subir un destin rigoureux;
Craignez, Iris, que mon cœur ne se fonde
A ces rayons qui partent de vos yeux
   Quand vous venez!

VIII

MADRIGAL, A GLYCÈRE

Oui, vous m'offrez votre amitié,
Pour tous les maux que je vous conte,
Mais quoi ! c'est trop peu de moitié,
Glycère, et je n'ai pas mon compte.
Je soupire, et vous en retour
Vous me payez d'une chimère.
Pourquoi si mal traiter l'Amour ?
Ah ! vous êtes mauvaise mère !

Juin 1842.

A une Muse folle

Allons, insoucieuse, ô ma folle compagne,
Voici que l'hiver sombre attriste la campagne,
Rentrons fouler tous deux les splendides coussins;
C'est le moment de voir le feu briller dans l'âtre;
La bise vient; j'ai peur de son baiser bleuâtre
    Pour la peau blanche de tes seins.

Allons chercher tous deux la caresse frileuse.
Notre lit est couvert d'une étoffe moelleuse;
Enroule ma pensée à tes muscles nerveux;
Ma chère âme! trésor de la race d'Hélène,
Verse autour de mon corps l'ambre de ton haleine
    Et le manteau de tes cheveux.

Que me fait cette glace aux brillantes arêtes,
Cette neige éternelle utile à maints poëtes
Et ce vieil ouragan au blasphème hagard?
Moi, j'aurai l'ouragan dans l'onde où tu te joues,
La glace dans ton cœur, la neige sur tes joues,
    Et l'arc-en-ciel dans ton regard.

Il faudrait n'avoir pas de bonnes chambres closes,
Pour chercher en janvier des strophes et des roses.
Les vers en ce temps-là sont de méchants fardeaux.
Si nous ne trouvons plus les roses que tu sèmes,
Au lieu d'user nos voix à chanter des poëmes,
    Nous en ferons sous les rideaux.

Tandis que la Naïade interrompt son murmure
Et que ses tristes flots lui prêtent pour armure
Leurs glaçons transparents faits de cristal ouvré,
Échevelés tous deux sur la couche défaite,
Nous puiserons les vins, pleurs du soleil en fête,
    Dans un grand cratère doré.

A nous les arbres morts luttant avec la flamme,
Les tapis variés qui réjouissent l'âme,
Et les divans, profonds à nous anéantir !
Nous nous préserverons de toute rude atteinte
Sous des voiles épais de pourpre trois fois teinte
    Que signerait l'ancienne Tyr.

A nous les lambris d'or illuminant les salles,
A nous les contes bleus des nuits orientales,
Caprices pailletés que l'on brode en fumant,
Et le loisir sans fin des molles cigarettes
Que le feu caressant pare de collerettes
    Où brille un rouge diamant !

Ainsi pour de longs jours suspendons notre lyre ;
Aimons-nous ; oublions que nous avons su lire !
Que le vieux goût romain préside à nos repas !
Apprenons à nous deux comme il est bon de vivre,
Faisons nos plus doux chants et notre plus beau livre,
  Le livre que l'on n'écrit pas.

Tressaille mollement sous la main qui te flatte.
Quand le tendre lilas, le vert et l'écarlate,
L'azur délicieux, l'ivoire aux fiers dédains,
Le jaune fleur de soufre aimé de Véronèse
Et le rose du feu qui rougit la fournaise
  Éclateront sur les jardins,

Nous irons découvrir aussi notre Amérique !
L'Eldorado rêvé, le pays chimérique
Où l'Ondine aux yeux bleus sort du lac en songeant,
Où pour Titania la perle noire abonde,
Où près d'Hérodiade avec la fée Habonde
  Chasse Diane au front d'argent !

Mais pour l'heure qu'il est, sur nos vitres gothiques
Brillent des fleurs de givre et des lys fantastiques ;
Tu soupires des mots qui ne sont pas des chants,
Et tes beaux seins polis, plus blancs que deux étoiles,
Ont l'air, à la façon dont ils tordent leurs voiles,
  De vouloir s'en aller aux champs.

Donc, fais la révérence au lecteur qui savoure
Peut-être avec plaisir, mais non pas sans bravoure,
Tes délires de Muse et mes rêves de fou,
Et, comme en te courbant dans un adieu suprême,
Jette-lui, si tu veux, pour ton meilleur poëme,
    Tes bras de femme autour du cou !

Janvier 1842.

ROSES DE NOËL

1843-1878

AVANT-PROPOS

Les quelques poëmes qui suivent ne sont pas des œuvres d'art. Ces pages intimes, tant que ma si faible santé et les agitations de ma vie me l'ont permis, je les écrivais régulièrement pour mon adorée mère, lorsque revenaient le 16 février, jour anniversaire de sa naissance, et le 19 novembre, jour de sa fête, sainte Élisabeth. Parmi ces vers, destinés à elle seule, j'avais choisi déjà quelques odes qui ont trouvé place dans mes recueils. Les autres ne me paraissaient pas devoir être publiés, et je sais bien ce qui leur manque. Presque jamais on ne se montre bon ouvrier, lorsqu'on écrit sous l'impression d'un sentiment vrai, au moment même où on l'éprouve. Mais, *en les donnant aujourd'hui au public, j'obéis à la volonté formellement exprimée de Celle qui ne sera jamais absente de moi et dont les yeux me voient. D'ailleurs, en y réfléchissant, j'ai pensé qu'elle a raison, comme toujours; car le poëte qui veut souffrir, vivre avec la foule et partager avec elle les suprêmes espérances, n'a rien de caché pour elle, et doit toujours être prêt à montrer toute son âme.*

THÉODORE DE BANVILLE.

Paris, le 19 novembre 1878.

ROSES DE NOËL

A MA MÈRE,

Madame Claude-Théodore de Banville
née Élisabeth-Zélie Huet

Le Ruisseau

Mère, tenant de toi l'orgueil essentiel,
Ta fille, (tu l'aurais entre toutes choisie!)
Belle enfant dont le cœur ingénu s'extasie,
N'aime rien de vulgaire et d'artificiel.

Moi, je dédaignerai tout art matériel,
Car de toi j'ai reçu l'ardente poésie
De ton esprit subtil que le beau rassasie,
Comme tu m'as donné tes yeux emplis de ciel.

Et c'est toi que tu sens en moi lutter, poursuivre
Le but, toi dont la voix charmante qui m'enivre
Murmurait comme un Ange auprès de mon berceau !

Telle, aux humides prés, la Naïade ravie,
Dont le sort incertain est celui du ruisseau,
Rêveuse, en flots d'argent voit s'écouler sa vie.

  16 février 1843.

Oubli

O ma mère, le vent chasse les feuilles rousses,
Mais je te charmerai par des paroles douces !
Voici de pauvres fleurs qui tremblaient sous les cieux :
Toi, tu les trouveras charmantes entre toutes,
Et mes chants seront beaux, puisque tu les écoutes,
Et ce jour terne et gris sera délicieux.

Qui le sait mieux que toi ? C'est ainsi depuis Ève.
Notre mère toujours est folle de son rêve,
Et s'amuse au babil des enfants querelleurs.
Tu n'as pas de soucis pourvu que tu nous voies,
Car tu sais oublier pour les plus humbles joies
Les ennuis de ta vie et les pires douleurs.

19 novembre 1843.

Les Colombes

Puisque jusqu'à la fin et même autour des tombes,
La famille se serre et s'unit avec foi,
Aimons-nous ! Mes doux vers, ainsi que des colombes,
Ouvrent leur aile blanche et s'envolent vers toi.

Prends ces oiseaux pareils à la neige candide,
Et qui trouvent déjà l'oubli d'ombres voilé,
Après avoir brillé dans un azur splendide
Et plané dans les cieux de mon rêve étoilé.

La Muse, enfant craintive, et que le monde lasse,
Vient dormir à tes pieds sur un méchant coussin.
Ma mère, écoute-la te parler à voix basse
Et cache en souriant sa tête dans ton sein.

19 novembre 1844.

Querelle

Lorsque ma sœur et moi, dans les forêts profondes,
Nous avions déchiré nos pieds sur les cailloux,
En nous baisant au front tu nous appelais fous,
Après avoir maudit nos courses vagabondes.

Puis, comme un vent d'été, brisant leurs fraîches ondes,
Mêle deux ruisseaux purs sur un lit calme et doux,
Lorsque tu nous tenais tous deux sur tes genoux,
Tu mêlais en riant nos chevelures blondes.

Et pendant bien longtemps nous restions là blottis,
Heureux, et tu disais parfois : O chers petits !
Un jour vous serez grands, et moi je serai vieille !

Les jours se sont enfuis, d'un vol mystérieux,
Mais toujours la jeunesse éclatante et vermeille
Fleurit dans ton sourire et brille dans tes yeux.

16 février 1845.

Les Baisers

ÉCARTEZ mes cheveux comme vous le faisiez
Lorsque ce front livide était plein de rosiers,
Et que ma pâle joue était encor fleurie;
Et venez y poser votre lèvre chérie.
Car bien qu'ils soient déjà flétris, nos cheveux d'or,
Nos mères de leurs doigts les caressent encor,
Et toujours les baisers célestes de leurs lèvres
Savent guérir nos fronts brûlés par mille fièvres.

19 novembre 1845.

Primeur

Tandis que les voix du foyer
Murmurent pour vous égayer
Et que le feu brille dans l'âtre,
Déjà, fugitif et discret,
Derrière la vitre apparaît
Le rire du Printemps folâtre.

Impatient, avec raison,
De nous donner sa floraison,
Voyez! on dirait qu'il s'ennuie
De ne pas prendre son essor,
Et qu'il montre ses ailes d'or
Encor frissonnantes de pluie.

O douce mère! c'est pour toi
Que cette Nature en émoi
Fait trêve à sa longue paresse,
Et, complice de ton rimeur,
Elle vient t'offrir la primeur
De ce rayon qui nous caresse.

16 février 1846.

Lys sans tache

Oui, quoique les soupirs, les pleurs et les sanglots
Vers tes yeux soient montés, amers comme des flots,
Chère âme! ton amour céleste nous demeure,
Toujours épanoui dans ton âme qui pleure.
Sous l'orage et le vent tel le Lys glorieux,
Toujours ouvrant son pur calice vers les cieux,
Garde encore, meurtri, sa beauté souveraine,
Et rien ne fait de tache à sa blancheur sereine.

Mardi 16 février 1847.

Fleurs d'hiver

Oui, quelques fleurs d'hiver, et c'est tout! Leurs corolles
Ne s'ouvriront pas; mais leurs boutons ingénus
Te ravissent, ma mère, et mieux que des paroles
Évoquent les jardins que nous avons connus.

O notre cher Moulins! Devant nos yeux éclate
Parmi nos souvenirs gracieux et pensifs
Un éblouissement de rose et d'écarlate;
Et les deux pièces d'eau, la verdure, les ifs,

Nous voyons tout, les Dieux de pierre, la rocaille,
Et je te vois riante et les cheveux flottants,
Avec ton léger voile et ton chapeau de paille,
Et si belle au milieu d'un triomphal printemps!

Vendredi 19 novembre 1847.

Douces Larmes

Si vous ne voyez pas le front de votre fils
Accablé sous le poids de la science amère,
Et si pour vous l'enfant que vous berciez jadis
    Reste un enfant pour vous, ma mère,

Laissez-moi m'enivrer de votre douce voix,
Qui fut ma poésie et ma première fête,
Et puis, m'agenouillant ici comme autrefois,
    Sur vos genoux poser ma tête !

Je veux redevenir ignorant, je le veux !
Et revoir, oubliant mes plaintes étouffées,
Ce temps où vous passiez dans mes petits cheveux
    Un peigne d'or, comme les fées !

Votre main sur mes yeux alors me consolait !
Je m'endormais, ravi par toutes vos caresses,
Faible, heureux, souriant, nourri de votre lait,
    De vos chants et de vos tendresses !

Oui, je veux y penser encor, si je le puis,
Et rêver près de vous, comme j'avais coutume,
Aux bonheurs envolés, car je n'ai bu depuis
    Que le dégoût et l'amertume !

Vous me disiez : Mon fils, un jour tu souffriras.
Pour t'épargner un peu les maux que je redoute,
Laisse-moi te cacher aux méchants dans mes bras.
    C'est que vous le saviez sans doute,

Les baisers que plus tard, hélas ! je recevrais,
Devaient toujours servir à cacher un mensonge ;
Ceux que vous me donniez étaient bien les seuls vrais :
    Oui, les seuls ; maintenant, j'y songe !

Mère ! — Laissez-le-moi dire, ce mot charmant,
Et bien oublier tout, rien que pendant cette heure !
Car, si je suis heureux encor pour un moment,
    C'est quand j'oublie et quand je pleure.

16 février 1854.

Ta Voix

J'aime ta voix, jamais je ne m'en rassasie.
Ma mère, ton regard plus doux que l'Orient,
Tout enfant, me faisait rêver la poésie,
Et tu m'as entr'ouvert les cieux, en souriant!

Si la forêt m'accueille en ses gorges hautaines,
Je te l'ai dû; c'est toi, mère, qui m'as appris
A m'enivrer du chant rhythmique des fontaines,
Songeur de la nature et des cimes épris!

Je savais les doux mots que notre esprit savoure;
Mais pour charmer ce peuple attentif près de nous,
C'est toi qui m'as donné ton âme et ta bravoure!
Embrasse encor ton fils qui pleure à tes genoux.

19 novembre 1856.

Silence

Pour baiser la prairie et le ruisseau dormant
  Qui déroule ses moires,
Un beau rayon frileux glisse furtivement
  Parmi les branches noires.

Les fleurs veulent fêter le jour qui nous est cher,
  Parmi les vertes mousses
Leur corolle s'entr'ouvre au milieu de l'hiver
  Sous des haleines douces.

Oh! que la terre en deuil retrouve son trésor
  Et tienne sa promesse,
Pour que tes vieux enfants s'éblouissent encor
  De ta chère jeunesse!

Tant que tu nous souris, ô regard adoré
  Où le nôtre se plonge,
Nous n'avons pas vécu, nous n'avons pas pleuré,
  Le reste n'est que songe.

Tant que nous te pressons dans nos bras tour à tour,
  Notre âme au loin s'élance,
Et nous oublions tout le reste, ivres d'amour,
  De joie et de silence!

16 février 1857.

Ton Sourire

O mère, ton sourire enthousiaste et fier
Brille de clairs rayons, comme un soleil d'hiver.
En vain l'âge est venu ; le temps qui nous assiège
A touché ton front pur, et ne l'a pas blessé,
Mais triste de blanchir tes cheveux, a laissé
Délicieusement fleurir leur douce neige !

Oh ! dis-moi, le sais-tu, pourquoi tes soixante ans
Ont la grâce charmante et vive d'un printemps ?
Chaque heure sans repos nous pousse de son aile,
Chaque instant nous trahit ; mais les nobles amours
Sont pour notre visage un dictame, et toujours
Y mettent doucement la jeunesse éternelle.

La brise qui charma les fleurs, le seul zéphyr
Froisse la blonde mer de flamme et de saphir
Dont le chant retentit près des belles Florides;
Mère, tes yeux aussi réfléchissent l'azur,
C'est pourquoi tu seras pareille à ce flot pur
Qui reflète le ciel et qui n'a pas de rides!

    19 novembre 1858.

Aurore

Jusqu'a toi, jusqu'à toi, mère, divinement
Nos vœux s'envoleront dans un rêve charmant.
Tu le sais, tes enfants silencieux t'adorent.
Que les bois dépouillés et les cieux qui se dorent
Veillent sur ta demeure avec un soin jaloux !
Que les soirs, que les jours et l'ombre te soient doux !
Car tu fis ton bonheur de veiller sur nos âmes.
Grâce à toi, depuis l'heure obscure où nous pensâmes,
Notre matin riant, céleste et couronné
Brilla comme une aurore, et tu nous as donné
L'amour du Beau, par qui tout s'éclaire et flamboie,
Et ta bonté fidèle, et ta force et ta joie.

19 novembre 1859.

Exil

En cette courte vie, hélas! où rien ne dure,
Comme l'absence est triste et qu'elle semble dure!
Chère âme, je ne puis, en baisant tes cheveux,
Te donner mon amour, mes chants, mes pleurs, mes vœux,
Et t'offrir un bouquet de pâles violettes!
Ah! du moins le chanteur des fraîches odelettes,
Que réchauffa ton souffle en son frêle berceau,
Le courtisan du lys en fleur et du ruisseau
T'enverra son baiser dans un vers où respire
Son amour, comme un souffle harmonieux de lyre,
Et sa caresse tendre, et son âme et sa voix.
Mais, ne me vois-tu pas? Si, mère, tu me vois!
  Quand la neige tombant sur le coteau qui penche;
Avec ses doux flocons a fait la route blanche,
Regarde-moi, donnant la volée à des vers
Frémissants, qui, malgré le souffle des hivers,
Avec des cris joyeux s'enfuiront tout à l'heure
Dans la blanche lumière et dans le vent qui pleure,

Calme et pensif, auprès du clair foyer rêvant,
Et caressant toujours les strophes, mais souvent
M'interrompant de suivre au hasard ma chimère,
Pour me dire : Que fait là-bas ma douce mère ?

19 novembre 1860.

Les Oiseaux

O mère, que toujours adore mon orgueil !
Ma pensée en rêvant s'envole jusqu'au seuil
De la maison riante où la nuit tu reposes.
Là je te vois, devant le mur vêtu de roses,
Ou sous les arbres dont le feuillage mouvant
Pleure, et dans le matin frissonnant et vivant
Tu vas, animant tout de ta grâce infinie.
Ma nourrice au beau front, mon âme, sois bénie !
　Ce n'est qu'un songe, hélas ! Entre nous, ô tourment !
Sont les villes sans nombre et leur bourdonnement,
Le temps, les nuits, les jours, le silence, l'espace,
Les collines, les bois, les cieux, le vent qui passe.
Mais les oiseaux légers, voyant que je suis loin
De mon nid, les oiseaux rapides auront soin
De saluer, fuyant vers la lumière, celle
Dont la vaillance dans mes yeux d'or étincelle.
Ils diront : Comme nous, l'humble poëte obscur
Est un esprit ailé qui s'en va dans l'azur.

Prêtons à ce rimeur nos chansons fraternelles.
Pour l'an qui vient, il nous en fera de plus belles,
Car les abeilles d'or voltigent sur son front
Et sur sa bouche. Puis, mère, ils regarderont
L'aurore qui se lève et le jour qui va naître,
Et, joyeux, ils viendront voler sur ta fenêtre.

  18 novembre 1862.

Feuilles mortes

Eh bien! si dans mes jours arides
Tout fut mensonge et vanité,
Je vois ton calme front sans rides
Que pare la sérénité.

Mère toujours belle et chérie,
Qui m'as donné l'espoir, la foi,
L'amour, ma voix souvent flétrie
Est jeune pour parler de toi!

Parmi le tumulte des choses
Les jours peuvent fuir pas à pas
En effeuillant nos pâles roses;
Les ans ne te vieillissent pas.

Et laisse-moi que je t'admire!
Sur ton visage qui sourit
D'un imperceptible sourire,
Brille la flamme de l'esprit.

O mère, par qui fut bercée
Mon enfance, (le temps moqueur,
En passant, l'a vite froissée,)
Mère adorable de mon cœur !

Ton regard où le mien se noie,
Après tant de jours égrenés,
Reste encor la meilleure joie
De ces yeux que tu m'as donnés.

Mère, le mot qui nous console
De nos trésors anéantis,
C'est toujours la même parole
Qui nous endormait tout petits.

Je m'enivrais, ô cher mensonge !
D'espoirs vainement caressés.
Que me reste-t-il, quand j'y songe ?
Tu m'aimes ! c'est bien. C'est assez.

Je suivais l'ombre insaisissable ;
J'ai vécu, j'ai chanté mes vers,
J'ai fait des escaliers de sable
Pour atteindre les rameaux verts !

Mais il fallait des mains plus fortes,
Et mon bras, vers le ciel tendu,
N'a trouvé que des feuilles mortes
Au lieu du laurier attendu.

Ici-bas, où rien ne s'achève,
Où chaque espoir tombe et s'enfuit,
Toutes les roses de mon rêve
S'effeuillent au vent de la nuit ;

Mais ce bien charmant et suprême,
Ce talisman qui me défend,
Ton amour est resté le même
Pour moi, ton fils, non, ton enfant.

16 février 1863.

Toute mon Ame

Depuis le jour où je suis né,
Songeur que Dieu voulut élire
Pour unir son chant obstiné
A la mystérieuse Lyre,

Tu m'as aimé, tu m'as guéri,
Tu m'as donné, dans tes alarmes,
Avec ton lait qui m'a nourri,
Tant de chers baisers, tant de larmes !

Par toi j'ai pu vivre et penser,
Tu fus ma nourrice et mon Ange,
Et moi, pour te récompenser,
Qu'ai-je à te donner en échange ?

Pour toi, source de tout mon bien,
Gardienne attentive et charmée,
Je n'ai rien, pas même ce rien
Que l'on appelle renommée.

Je n'ai rien, lorsque c'est mon tour !
Je n'ai rien, cœur brûlé de flamme,
Que ma tendresse et mon amour ;
Je n'ai rien que toute mon âme.

17 février 1864.

Pour nous deux

Pour un jour seulement fais trêve à ton martyre !
Sois comme je te vis, ô sourire et douceur,
Lorsque ta chère voix qui me berce et m'attire
Enchantait le réveil de ma petite sœur.

L'absence, la douleur, le mal ne sont qu'un rêve,
Les cœurs n'ont pas aimé, n'ont pas souffert en vain :
Oh ! crois-le, Dieu nous rend tout ce qu'il nous enlève,
Et c'est là son miracle éternel et divin !

Celle qui nous charma comme une aube naissante,
Celle que tant de fois tu nommes à genoux,
Et qui pour nos regards voilés semblait absente,
Pendant que nous pleurons est ici près de nous !

Je l'entends à cette heure, aussi douce qu'amère,
Où nos Anges pensifs nous voient occupés d'eux,
Me dire tout bas : Prends dans tes bras notre mère,
Mon frère, et donne-lui des baisers pour nous deux.

16 février 1868.

Ils nous voient

Les cieux semblent déjà vivants et rajeunis.
Je sens venir, du fond de l'ombre enchanteresse,
Le souffle d'une brise amie et charmeresse,
Dans le triste silence où nos cœurs sont unis.

Pareils à des oiseaux frissonnants dans leurs nids,
En nous des souvenirs de joie et de tendresse
Pleurent ; le vent d'une aile errante nous caresse,
Ma mère, et ce n'est pas moi seul qui te bénis !

Car du séjour divin caché sous tant de voiles,
Sitôt que sur nos fronts s'allument les étoiles,
Ceux qui sont dans les cieux nous regardent pleurer.

Ils nous voient dans l'attente et dans la solitude,
Et leurs lointaines voix tentent de murmurer,
Comme pour mettre un terme à notre inquiétude.

16 février 1869.

Zélie enfant

Si j'étais le savant ouvrier dont la main
Crée à nouveau notre âme et le sourire humain
Sur sa toile vivante et de rayons fleurie,
Je peindrais pour nous deux, ô ma mère chérie,
Le portrait de ma sœur enfant, et j'y mettrais
Sa grâce, et la beauté divine de ses traits,
Si charmants et si purs qu'une clarté sur elle
Flottait et dans ses jeux semblait surnaturelle.
　　Car je la vois, si douce et le regard si prompt!
Elle avait la pensée écrite sur son front,
Et tu disais : Voilà mon rêve et ma folie!
C'est elle, mon enfant! ma petite Zélie!
Butinant au hasard dans l'herbe et dans le thym,
Elle était rayonnante à l'aube du matin;
Elle courait, dans l'herbe épaisse, vers les saules
Du ruisseau, les cheveux flottants sur ses épaules,

Grave, heureuse, portant des fleurs et les bras nus,
Levant sans embarras ses grands yeux ingénus,
Distraite, et cependant regardant quelque chose,
Et sa bouche avait l'air d'une petite rose.

18 novembre 1869.

Leurs Lèvres

Quand vient le jour pareil au jour
De bonheur et d'orgueil en fête,
Où ta mère pleurait d'amour
En contemplant ta chère tête ;

Quand renaît le jour où tu vins,
Comme Dieu l'exige, ô mystère !
De la clarté des cieux divins
Aimer et pleurer sur la terre ;

Alors, pareil à l'exilé
Qui, lorsqu'il revoit sa patrie,
Marche tranquille et consolé,
Ce jour-là, mère, hélas ! meurtrie,

Je vois ma sœur au front charmant
Et les doux yeux bleus de mon père,
Et ce n'est pas moi seulement
Qui dis à ton oreille : Espère !

Ah! de nos fronts endoloris
Que les vaines craintes s'envolent !
Tous ceux que nous avons chéris
A la même heure nous consolent.

Pour nous rendre forts et joyeux,
Leur cœur, leur esprit, leur bravoure
Et leur souffle silencieux
Vivent dans l'air qui nous entoure.

Dans le parfum léger des fleurs
Une vague haleine soupire ;
C'est leur voix. A travers nos pleurs
Glisse un rayon : c'est leur sourire,

Et pour que leur calme baiser
Nous réchauffe à ses douces flammes,
Je sens leurs lèvres se poser
Délicatement sur nos âmes.

16 février 1870.

Les Absents

Mère, puisque le Temps, ce farouche oiseleur,
A dévasté les nids de notre joie en fleur,
Et puisque nous gardons toujours dans nos mémoires
Ce qui fut emporté par les Jours dérisoires,
Eh bien! songeons encore à nos bonheurs si courts!
L'absente que nos yeux pensifs cherchent toujours,
Et mon père endormi, tous ces deuils, la patrie
Saignante encore et dont la voix sanglote et crie,
Pleurant en nous, pareils à la plainte des mers,
Font que même nos jours de fête sont amers!
 Pourtant le gai Printemps aux lèvres corallines
Vient, et pose déjà son pied sur les collines;
Bientôt, demain, chassant la neige et le verglas,
Il épanouira les grappes des lilas.
Une brise, déjà folle et pleine d'ivresse,
Flotte; je ne sais quelle invisible caresse

Nous effleure; voici que les airs attiédis
Ont un souffle embaumé qui vient du paradis;
Vois les cieux frissonnants, clairs, une joie immense
Charme l'azur, et tout nous parle de clémence.

16 février 1871.

Comme un jour

O mère, agenouillé sous tes chères prunelles,
Je dis à Dieu : Seigneur des clartés éternelles,
Puisqu'elle a tant pleuré, mon Dieu, bénissez-la !
Puisque sa chère fille à vos pieds s'envola,
Pendant ce long tourment des heures douloureuses,
Accordez-lui par moi des minutes heureuses !
Ainsi je prie ayant, comme un bon ouvrier,
Le désir de gagner quelque brin de laurier
Pour parer de renom ta vieillesse adorée ;
Je voudrais, conquérant l'immortelle durée,
Que fleurissant toujours malgré les noirs hivers,
Ta mémoire pût vivre à jamais dans mes vers.
  Et pour moi, qui te dus cette grâce de naître
Poëte, quand ton souffle a pénétré mon être,
Alors que je te tiens serrée entre mes bras,
J'oublie en un moment la haine des ingrats,
Les peines, les soucis de cette courte vie,
Et la gloire d'un jour vainement poursuivie,

Et je me trouve heureux, puisque je me souviens
Qu'au milieu de tes maux désolés et des miens,
Nous avons conservé dans notre vie obscure
Notre affection vraie, indestructible et pure,
Et que nous la gardons comme un clair diamant;
Et que tu répandis infatigablement,
Ainsi que d'une coupe inépuisable et douce,
Mère, sur mon cœur fier et que rien ne courrouce,
Tes consolations, ton adorable amour,
Et que ce demi-siècle a passé comme un jour!

19 novembre 1871.

Vers le ciel

Élevons nos regards vers le ciel adouci.
Mère, c'est dans un jour pareil à celui-ci
Que ta mère éperdue, en ses ferveurs étranges,
Te voyait, en dormant, sourire pour les Anges !
Ah ! par ces premiers jours de printemps clairs et doux,
Le souffle de nos morts chéris est avec nous.
Il caresse nos fronts et nous dit à l'oreille :
Voici que tout renaît et que tout se réveille ;
Qu'après l'hiver jaloux qui dépouillait leur front
Les bois luxuriants bientôt reverdiront,
Et que renouvelant sa riche broderie
La terre au flanc vermeil sera toute fleurie !
Mère, ils parlent ainsi, car ils suivent nos pas.
Ils ne nous laissent pas, ils ne nous quittent pas,
Mais attentifs, voyant nos peines amassées,
A suivre dans nos yeux l'ombre de nos pensées,
Ils ne sont malheureux que de notre douleur,
Puisqu'ils ont déjà pu sentir leur vie en fleur

Naître et s'éveiller, comme un renouveau splendide.
  La vérité n'est pas notre front qui se ride :
C'est la bonté de Dieu qui nous laisse entrevoir
Au lointain la lueur sereine de l'espoir,
Et qui nous versera le bonheur sans mesure
Dans les cieux frémissants que sa prunelle azure.
Il nous rendra mon père et sa grave douceur
Et le rire ingénu de ma petite sœur ;
Car le Seigneur n'emplit d'ombre la forêt verte
Et ne sème des fleurs sur la plaine déserte
Et ne fait rayonner sur nous le soleil d'or
Que pour nous dire : Enfants, patientez encor ;
Vos ennuis sont amers et vos jours difficiles,
Mais je vous vois, je songe à vous. Soyez tranquilles.

  16 février 1872.

Pourquoi seuls?

Eh bien! mère, prenons les souvenirs si doux,
Le temps où tes enfants jouaient sur tes genoux,
Ta mère, qui savait encor comme on espère,
La grandeur, la bonté charmante de ton père,
Et le mien tout amour, comme je le revois,
La Font-Georges vermeille où se mêlaient nos voix,
Et ma petite sœur qui passait dans les herbes,
Avec sa bouche rose et ses grands yeux superbes,
Et ses cheveux si fins dans la brise envolés,
Ce triomphe éclatant des bleuets dans les blés,
Et tes enfants jaseurs qui, lassés de leur course,
Tous deux s'agenouillaient et buvaient à la source!
O mère, plongeons-nous dans ce flot! Revoyons
Les peupliers, les eaux tremblantes, les rayons,
Vos projets merveilleux, tout ce temps où la vie
De pourpre et d'or, était comme une aube ravie
Jetant ses feux rosés dans l'azur empli d'yeux;
Prenons ces souvenirs, ce passé radieux,

Qui devant nous comme un riant matin flamboie
Et renouvelons-nous dans ce trésor de joie !

  Même quand le printemps neige sur les tilleuls
Et resplendit, pourquoi nous sentirions-nous seuls,
Puisque, gardant toujours aux nôtres nos tendresses,
Nos baisers, notre amour, nos meilleures caresses,
Nous n'avons pas des cœurs lâches ni paresseux,
Et puisque, pleins encor du cher esprit de ceux
Qui revivent baignés par les clartés divines,
Nous les sentons vivants encor dans nos poitrines ?

    19 novembre 1872.

Extase

Oui, dans un pareil jour, tu naissais ! Du ciel bleu
Une Ame libre, ouvrant ses ailes, ô mystère !
Pour venir lutter, vivre et souffrir sur la terre
Quitte l'azur céleste et les astres de feu.

C'est qu'ayant le bonheur immense, elle a trop peu ;
C'est qu'elle ne veut pas le goûter, solitaire,
Et qu'une voix d'enfant qui ne pouvait se taire
Déjà parle à cette Ame, heureuse aux pieds de Dieu !

Tu naissais, et ta mère et ton père en délire,
Penchés sur toi, pleuraient, essayaient de sourire
Et, moment ineffable et que rien ne corrompt !

Tous les deux, pleins d'amour, d'orgueil et de folie,
En leur naïve joie ils admiraient ton front,
Et couvraient de baisers leur petite Zélie.

16 février 1873.

Les Jardins

Mère, qu'il soit béni, le grand jardin de fleurs
Qui vit, petite enfant, ton sourire et tes pleurs!
Là, ta mère aux beaux yeux, jeune et pleine de grâce
Te chantait des chansons de nourrice à voix basse;
Ton père, sérieux, te prenait dans ses bras,
Et t'écoutant, ravi, dès que tu murmuras,
Disait: O frêle enfant! il faut veiller sur elle.
Et c'était entre eux deux une folle querelle
De lutter pour donner une joie à tes yeux
Et de savoir lequel t'obéirait le mieux.
  O Dieu! le temps s'envole ainsi que des fumées,
Emportant loin de nous les âmes bien aimées,
Nos rêves, nos désirs, tout ce qui nous fut cher.
Le froid du soir qui tombe entre dans notre chair,
Et cependant toujours les voix qui nous émurent
Comme en un vague songe autour de nous murmurent;
Elles ont la douceur sereine de l'espoir
Et nous les entendons qui disent: Au revoir!

Nos Anges, dans cette ombre où notre pas vacille
Nous regardent souffrir d'un œil doux et tranquille
Et tandis que leur vol mystérieux nous suit,
Au-dessus de nos fronts envahis par la nuit
Nous voyons l'avenir sortir d'un sombre voile
Sous la nue, et grandir comme une blanche étoile.
Oh! sois heureuse! et quand frémit l'aile du soir,
Songe aux chers cœurs avec le plus tranquille espoir,
Car un pressentiment céleste nous enivre
Dans cette solitude où nous les sentons vivre.

16 février 1874.

Nous voilà tous

Mère, nous voilà tous, moi ton fils, qui te fête,
Et celle que pour moi Dieu lui-même avait faite,
Et l'enfant adoré qui porte dans ses yeux
Un monde qui s'agite, encor mystérieux,
Et toi, tu nous bénis, ô ma chère nourrice!
O mère, que toujours l'espoir en toi fleurisse!
Nous ne sommes pas seuls à baiser doucement
Ta tête calme où luit comme un éclair charmant.
   Car lorsque dans le ciel grandit l'aube vermeille,
Le murmure étouffé de tout ce qui s'éveille
Court sur les arbres nus et sur les claires eaux.
L'air est plein du frisson des ailes des oiseaux
Et des âmes des morts et du souffle des Anges;
Celui vers qui toujours monte un flot de louanges
Et qui de nos douleurs a fait des voluptés,
Nous dit alors tout bas : Voici l'heure. Écoutez.
Et plus faibles qu'un vol d'abeilles sur les mousses,
Nous entendons les voix qui nous semblaient si douces

Jadis ; car rien ne meurt, la tombe n'a rien pris
De la clarté sereine et pure des esprits,
Et Dieu, qui les créa dans leur splendeur première.
N'a pas fait du néant avec de la lumière.

19 novembre 1875.

Nos Proies

O ma mère, emportant nos pleurs et nos dangers,
Les ans s'en vont, pareils à des oiseaux légers,
Et dans la nue en deuil que les soleils essuient,
Nous voyons frissonner leurs ailes qui nous fuient.
Cependant rien n'est faux et rien n'est décevant :
Tout ce qui nous fit vivre en nos cœurs est vivant,
Et, malgré la tempête affreuse et les tourmentes,
Le passé, tout rempli de visions charmantes,
Comme un rêve indécis berce notre sommeil,
Et nous laisse dans l'âme un rayon de soleil.
 Ah ! gardons bien, gardons comme de saintes proies
Tout ce qui fut à nous, les douleurs et les joies,
Les mots qui nous charmaient, les cris mélodieux,
Les chagrins étouffants, les retours, les adieux,
Les gais soleils brillant dans la campagne verte,
Le souvenir saignant comme une plaie ouverte,
Et l'aile de la brise et le parfum des bois,
Les chants, les pas, les jeux, les sourires, les voix,

Et quand l'ombre nous gagne, emplissons-nous d'aurore.
Mais Hier, c'est Demain riant qui veut éclore;
Vois ta fille et ton fils à tes genoux, et vois
Notre Georges qui t'offre avec ses petits doigts
Ces fleurs, et parle-nous tendrement caressée
Par ses grands yeux de flamme où brille la pensée!

   16 février 1876.

A Celle qui me voit

Tu le voulais, hélas! j'ai relu ces feuillets.
Comme si tout à coup, tremblant, je m'éveillais,
Tous nos chers souvenirs dont la douceur m'attire
Ont ravivé ma foi triste, mon long martyre,
Et comme un combattant déchiré, mais vainqueur,
J'apporte ces lambeaux tout saignants de mon cœur.
  Prions! comme entre nous il n'est pas de barrière,
Nous sommes réunis déjà par la Prière
Qui franchit mille cieux d'un vol aérien.
Le sang de Jésus coule et ne dédaigne rien!
Oh! dis-le, que parmi les éthers emplis d'ailes
C'est toi qui me prendras entre tes bras fidèles,
Qu'alors nous sentirons tous nos maux s'apaiser,
Qu'heureuse, tu mettras sur mon front ton baiser,
Et qu'enfin délivrés de toute angoisse amère,
Nous vivrons, ô mon Ange, ô mon espoir, ma mère!

  19 novembre 1878.

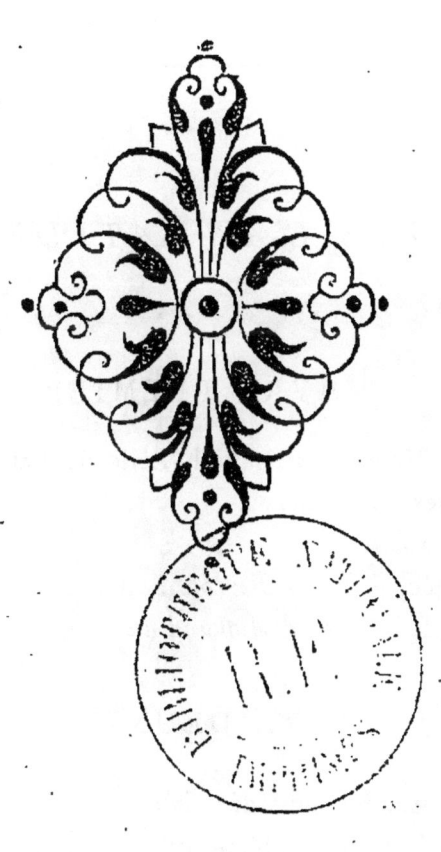

TABLE

LES CARIATIDES

Avant-Propos.	1

LIVRE PREMIER

A ma Mère, Madame Élisabeth-Zélie de Banville. . .	1
Les Cariatides.	3
Dernière Angoisse.	6
La Voie lactée, *à Victor Perrot*.	11
Les Baisers de pierre, *à Armand du Mesnil*	51

LIVRE DEUXIÈME

Amours d'Élise, feuillets détachés.

I.	C'est là qu'elle priait...	89
II.	D'où vient-il, ce lointain frisson...	90
III.	Oui, mon cœur et ma vie!	91
IV.	O mon âme, ma voix pensive...	95

V.	Le zéphyr à la douce haleine...	98
VI.	Tout vous adore, ô mon Élise...	99
VII.	Le soleil souriait...	104

Phyllis, églogue. 106
Songe d'hiver. 115
Clymène. 143
La Nuit de printemps 146
Ceux qui meurent et Ceux qui combattent, épisodes et fragments.

I.	La Lyre morte.	153
II.	La Mort du Poëte	160
III.	Les deux Frères	166
IV.	Une Nuit blanche	174
V.	La Vie et la Mort	178
VI.	Nostalgie	183

La Renaissance 186
Trois femmes à la tête blonde... 187
La Déesse 188
Sachons adorer! Sachons lire! 189
Idolâtrie 190
Même en deuil pour cent trahisons... . . . 192
Amour angélique 193
Loys. 195
Bien souvent je revois 198
Leïla. 199
Vénus couchée. 202
Pourquoi, courtisane... 204
Le Stigmate. 207
Prosopopée d'une Vénus 210
L'Auréole. 212
Les Imprécations d'une Cariatide 215

LIVRE TROISIÈME

Erato		219
A Vénus de Milo		225
A Victor Hugo		226
A ma Mère, Madame Élisabeth-Zélie de Banville		230
Conseil		234
Le Pressoir, *à Auguste Vitu*		235
A Auguste Supersac		236
Les Caprices, en dizains à la manière de Clément Marot.		
I.	Congé	243
II.	Le Vallon	244
III.	Fête galante	245
IV.	L'Étang	246
V.	Les Bergers	247
VI.	Pierrot	248
VII.	Sérénade	249
VIII.	La Comédie	250
IX.	Bal masqué	251
X.	Parade	252
XI.	Enfin Malherbe vint…	253
XII.	Heine	254
XIII.	Les Parias	255
XIV.	Trumeau	256
XV.	Les Roses	257
XVI.	Impéria	258
XVII.	Le Lilas	259
XVIII.	Hamlet	260
XIX.	La Forêt	261
XX.	Chérubin	262

XXI.	Aveu	263
XXII.	Palinodie	264
XXIII.	Le Divan	265
XXIV.	Sagesse	266

A Madame Caroline Angebert. 267
Aux Amis de Paul. 270
Sieste 273
Sous bois. 277
O jeune Florentine... 278
En habit zinzolin.

I.	Rondeau, *à Églé*	280
II.	Triolet, *à Philis*	282
III.	Rondeau, *à Isméne*	283
IV.	Triolet, *à Amarante*	285
V.	Rondeau redoublé, *à Sylvie*	286
VI.	Madrigal, *à Clymène*	288
VII.	Rondeau redoublé, *à Iris*	289
VIII.	Madrigal, *à Glycère*	291

A une Muse folle 292

ROSES DE NOËL

Avant-Propos 299

A ma Mère, Madame Claude-Théodore de Banville, née Élisabeth-Zélie Huet.
Le Ruisseau 301
Oubli 303
Les Colombes. 304
Querelle. 305

Les Baisers.	306
Primeur	307
Lys sans tache	309
Fleurs d'hiver.	310
Douces Larmes.	311
Ta Voix.	313
Silence.	314
Ton Sourire	316
Aurore.	318
Exil.	319
Les Oiseaux	321
Feuilles mortes.	323
Toute mon Ame.	326
Pour nous deux.	328
Ils nous voient.	329
Zélie enfant.	330
Leurs Lèvres.	332
Les Absents.	334
Comme un jour.	336
Vers le ciel.	338
Pourquoi seuls ?	340
Extase.	342
Les Jardins.	343
Nous voilà tous.	345
Nos Proies.	347
A Celle qui me voit	349

Paris. — Imp. A. Lemerre, 25, rue des Grands-Augustins.

PETITE BIBLIOTHÈQUE LITTÉRAIRE

ŒUVRES
DE
THÉODORE DE BANVILLE

Les Cariatides. — Roses de Noël. 1 v.	6 fr.
Les Stalactites. — Odelettes. — Améthistes, 1 vol.	5 fr.
Le Sang de la Coupe. — Trente-six Ballades joyeuses, 1 vol.	6 fr.
Les Exilés. — Les Princesses, 1 vol.	6 fr.
Idylles prussiennes, 1 vol.	5 fr.
Odes funambulesques, 1 vol.	6 fr.
Occidentales. — Rimes dorées. — Rondels, 1 vol.	6 fr.
Comédies, 1 vol.	6 fr.

Paris. — Imp. A. Lemerre, 25, rue des Grands-Augustins.

www.ingramcontent.com/pod-product-compliance
Lightning Source LLC
Chambersburg PA
CBHW070454170426
43201CB00010B/1331